トップ
営業マン
が使っている買わせる
営業心理術

菊原 智明
著

〈完全版〉

はじめに

～知っている人だけが得をする営業心理術～

今あなたが手に取っているのは、「ビジネス・営業で結果を出すための心理術」について学べる本です。本書で心理術を学ぶのは、学者になるためでも、知識だけを増やして頭でっかちになるためでもありません。

机上の空論ではなく、結果を出すことにフォーカスした心理術を学んでいきましょう。

「心理術」と聞くと、少し難しいと感じる人もいるかもしれませんが、常にあなたの身近にあるものです。

あなたが身に着けている時計、持っているバック、はいている靴、などなど。《自分で判断して買った》と思っているかもしれませんが、実は心理術に裏づけられた手法によって誘導されていた……なんていうことも多いのです。

実際、営業活動や販売方法には、心理学をベースにしたものが数多く存在します。

少し例を挙げてみましょう。

■雑誌の袋とじをどうしても見たくなったり、「会員限定」に興味をそそられたりする

これは禁止されるとどうしてもほしくなってしまう「カリギュラ効果」を利用しています。

■何度か顔を合わせているうちに断りにくくなり、思わず買ってしまった

これは知らない人には冷たくできるのに、知っている人には冷たくできなくなってしまう「ザイアンスの法則」からきているものです。

■「30代の主婦限定」「20代の独身男性のみ」という表記に思わず反応してしまった

これは雑音の中で自分に関係あるものだけが聞き取れる「カクテルパーティー効果」を応用したものです。

■「あなただけ特別に」と言われ《みんなにも同じことを言っているだろう》とわかりながらも契約してしまった

これは特別視されると好意的に思ってしまう「ハード・トゥ・ゲット・テクニック」が使われているのです。

■同じワインでも高い値段が付いている方を「おいしい」と判断してしまった

これは金額が高いものをいいものと思い込んでしまう「ウェブレン効果」からきているものです。

本書でご紹介する心理術の一部をご紹介しました。

いかがでしょうか?

《あれ? 思い当たるフシがあるぞ》と思ったかもしれませんね。

このように日常の生活の中の出来事の多くは心理学が深く関係しています。

営業心理学は売る側も買う側も知ってさえいれば大きなメリットを得られますが、知らなければ常に損をすることになるのです。

この本は、２０１１年に出版した『トップ営業マンが使っている 買わせる営業心理術』の内容を、よりわかりやすくご理解頂けるようにリニューアルしたものです。

さらに新しい章として【考え方・マインド編】を加筆しております。

以前、ご購入頂いた方も楽しめますし、十分参考になります。

本書は58の心理術を、初対面、アプローチ、商品説明、商談、クロージング、紹介、断られた時、モチベーション、と新たに加わったマインド編と計9シーンに分けています。

各項目が読み切りになっていますので、一番興味のある部分から読み進めてください。

本書に掲載されている心理術を2つ3つ活用しただけで、必ずや効果を感じて頂けます。

あなたが、本書をきっかけに売れる営業マンになることを心より願います。

営業コンサルタント　関東学園大学経済学部講師　菊原 智明

もくじ

〈完全版〉トップ営業マンが使っている買わせる営業心理術

Chapter 1

初対面・第一印象編　出会いを制する者が営業を制する

Chapter 2

アプローチ編 警戒されずに距離を縮める技

Chapter 3

ランクアップ編 商品をより魅力的に見せよう

Chapter 4

商談・セールストーク編　この一言で運命が決まる

Chapter 5

クロージング編　最後まで手を抜くな！

Chapter 6

リピーター編　紹介をもらうためのコツ

36 一度買ったらやめられない「コンコルド効果」 166
37 印象に残すための「エスカレータ効果」 170
38 お客様が優秀な営業マンに変わる「認知的不協和」 174
39 事前情報をうまく利用するための「プライミング効果」 178

Chapter 7

断られた時 編 起死回生の一手を打つ

Chapter 8

モチベーション編 やる気に火を付けろ!

Chapter 9

考え方・マインド編　未来を切り開け！

※本書は2011年に刊行された『トップ営業マンが使っている　買わせる営業心理術』を全面的に加筆・修正し、リニューアルしたものです。

◯カバーデザイン　OAK　小野光一

Chapter 1

初対面・第一印象 編

出会いを制する者が営業を制する

01 自分を3倍魅力的に変える「ハロー効果」

explanation

ハロー効果にはポジティブハロー効果とネガティブハロー効果の2つがあり、全く逆の働きをします。

ポジティブハロー効果とは、人や事物のある1つの特徴についていい印象を受けると、他のすべての特徴も実際以上に高く評価する現象のことを言います。ネガティブハロー効果とは人や事物に悪い印象を受けると、その他のことすべてに関して実際以上に低く評価してしまうことを言います。


ポジティブハロー効果の例として代表的なもので言えば、卒業した大学によって評価されることです。

私が勤めていた会社に有名大学を卒業した新人が入社してきたことがありました。その新人が有名大学を卒業しているということと、営業マンとして優れているかどうかは本来関係のないことです。しかし周りの人たちは大騒ぎします。

「すごい新人が入ってきたぞ」

「これは即戦力に間違いない」

実際の実力を確認などせずに、**有名大学を卒業したというだけで新人を優れた人材であると評価する**のです。本当に優れている人もいるのでしょうが、実際のところそれほどでもない人の方が多かったのです。


これは大学だけではありません。会社の役職もそうです。名刺交換をした時に**「○○会社　常務取締役」や「統括本部長」という肩書を見た途端に《この人はよっぽどすごい人なんだろうな》と思い込んだりします。こういった思い込みをハロー効果と言います。**

また自分ができないことができる人は優秀な人だと思ってしまう傾向があります。初対面の人から、このように言われたことがありました。
相手「私は英語とスペイン語を習っていましてね」
私「それはすごいですね！ 会話ができるのですか？」

相手「ええ、日常会話程度ですけどね」

大概の人は英語はかたことで、ましてやスペイン語に関してはさっぱりわかりません。

本来、英語やスペイン語ができることと、仕事ができることはほとんど関係ないのに、優れたビジネスマンであると評価してしまいます。またそのような人が商談相手でしたら、実際の実力を確認する前から信用してしまうでしょう。


私自身も経験したことがあります。

初対面の男性にこのように質問されました。

男性「菊原さんは何をやっている人なんですか？」

私「営業のコンサルタントと地元の大学で講師をしています」

男性「えっ！　大学の先生なんですか！」

それからというもの、その人は私を尊敬のまなざしで見ていました。私自信、特別優れているわけではありません。にもかかわらず、大学講師というイメージが私の評価を高くしてくれたのです。

また、本を出版しているだけですごいと思われるのもハロー効果の1つと言えます。

ハロー効果を営業活動で応用してみましょう。

もしあなたが何か資格を持っているなら、それを最大限利用してください。社労士、行政書士、宅建、建築士、コーディネーター、FP（ファイナンシャル・プランナー）……どの資格も持っていない人からすればすごいと感じるのです。

また公的な資格ではなくマニアックな資格だとしても同じことです。《こんな資格誰も知らないだろうな》と思っていても相手は敬意を払ってしまうものです。

資格を取っていなくても構いません。「ちょっと税金について勉強していましてね」税金を全く知らない人からすればそう言うだけでも頼りになるものです。

何か持っている資格がある人はさっそく活用してください。**「営業の菊原智明」より「資金計画の資格、FPを持っている菊原智明」の方が信用されます。**

名刺やトークに一言入れるだけで、あなたの評価がグッと上がることでしょう。

□ポジティブなハロー効果で自分の価値を上げる

02

初対面のお客様の警戒心を解く「エピソード記憶」

explanation

エピソード記憶とは、時間や場所、味、香り、音楽など、その時の経験をセットで記憶することを言います。
エピソード記憶は、自分の過去を意識の中に呼び戻すことによって、以前の体験にもう一度返る、頭のタイムトラベルのようなものだと言われることもあります。

あなたが街角を歩いている時にフッと懐かしい音楽を耳にしたとします。
《あぁ、これは高校時代によく聞いていた曲だ。あの頃は部活でキツかったなぁ》など
と一瞬にして当時の記憶がよみがえった。なんていう経験があるでしょう。
これは（高校時代の思い出）と（よく聞いていた音楽）をセットにして記憶しているか

らです。

思い出と体験を結び付けて記憶されたものは、ちょっとした刺激で10年も20年も前の記憶が昨日のことのようにはっきり思い出されるものです。このような現象をエピソード記憶と言います。

これは逆のアプローチでも同じことが言えます。例えばこのように質問されたらどうでしょう。

「あなたはどんな子どもだったの？」

「入社当時に一番不安だったことは？」

「はじめて契約を頂いた時はどんな気持ちだったの？」

このような問いに答える時、あなたは記憶から当時のエピソードを思い起こしているはずです。《たしかあの時は……》と思い出そうとすると、自然にその頃の物語やエピソードが頭に浮かぶのです。こういったこともエピソード記憶と言います。

それではエピソード記憶を営業活動にも活用してみましょう。１つ例をお話しします。

私が住宅会社で営業をしていた頃、ある会社の窓口の人とお会いした時のことです。

軽く挨拶をした後、こう聞かれました。
担当の人「菊原さんは何年生まれですか?」
私「47年生まれです」
担当の人「私は48年生まれですから同世代ですね。おにゃん子クラブとか見ていました?」
私「もちろんです。部活をサボってよく見ていましたよ」
「おにゃん子クラブ」と言われて瞬時にして懐かしい記憶がよみがえったのです。さらに話は続きます。
担当の人「じゃあ中学の時はＢＯØＷＹですか?」
私「そうですね、ＢＯØＷＹは群馬出身ですからほぼみんな聞いていましたよ」
担当の人「そうですか! 私も大ファンでして……」
このように**エピソード記憶の効果によって一瞬にして他人とは思えなくなる**のです。
エピソード記憶は言葉だけではありません。購入層が昔ハマッていたツールにもお客様との距離を縮める効果があります。私は営業の通信講座を開催しておりますが、その会員さんの1人に分譲マンションを扱っている営業マンがいます。彼がこんなことを言ってました。

営業マン「うちは入口に等身大のガンダムを置いていましてね」
私「どうしてですか？」
営業マン「マンションを買う人は40歳前後のガンダム世代が多いんですよ」
私「つかみネタとして使うんですか？」
営業マン「そうです。これがあるとお客様の方から話しかけてもらえますから楽ですよ」

購入層のボリュームゾーンを調べて興味を持つテーマのツールを利用し、つかみのネタとして使っている会社もあります。

このようにエピソード記憶は言葉としてもツールとしても活用できます。なかなかお客様とつかみの話がうまくできないという人には特におススメの方法です。

会社全体として購入層を調査することももちろんのこと、各個人のお客様でも同様です。**お客様が小学校もしくは中学の時に流行していたことをネットで調べ、それを話題にするのもいい**でしょう。警戒心が強く話をしてくれない相手と一気に打ち解けることも少なくありません。意外なお客様が意外な話題に食いついてきたりします。エピソード記憶を活用して相手との距離を縮めましょう。

□ 共通の記憶が相手との距離を一気に縮める

03 お客様との距離を一気に縮める「自己開示」

explanation

自己開示とは、自分についての個人的な情報を率直にありのまま相手に伝えることを言います。

この自己開示には、自己開示をされた受け手も同程度の自己開示をするという、返報性のルール（人は他人から何らかの施しをしてもらうと、お返しをしなければならないという心理）があることが知られています。自己開示は対人関係および組織内コミュニケーションの活性化を図る上でも、重要な要素の1つとなっています。


はじめて会った相手なのについプライベートの愚痴まで言ってしまった……。そのような経験をしたことがないでしょうか？

赤裸々に自己開示してくる相手に対して、思わず本音が出てしまうこともあるものです。

愚痴までいかないとしても相手が趣味の話をしたら自分も趣味の話をし、相手が家庭の話をしたら自分も家庭の話をするといった具合に、同程度の深い話をするように合わせてしまいます。また話しているうちに**「相手がそこまで話してくれたのだから、自分も話そう」**という気持ちが生じることもあるでしょう。

そうやって、お互いに少しずつプライベートな話をしていくことで、関係が深まっていくのです。

私は職業柄いろいろな人とお会いさせて頂きます。研修、セミナー、大学、パーティー、飲み会……などなど。つくづくさまざまな人がいるものだといつも感心させられます。

その中で《いい感じだなぁ》と感じる人もいれば、《この人はちょっと》と思う人もいます。

以前パーティーで男性の人と隣同士になった時のことです。名刺交換と簡単な挨拶をした直後にこんな話をしてきました。耳元でこう囁きます。

男性A「実はうちの会社ね、危ないんですよ」

私「危ないと言いますと？」

男性A「ここだけの話ですが、今年はボーナスゼロが決定しましてね。来年は倒産するんじゃないかと思っているんです」

私「そうですかぁ」

《初対面の私になんでこんな話をするのだろう?》と不思議な感じを受けました。その後もこのような話をしてきます。

男性A「私と合わない課長がいましてね、この前やっと左遷になったんですよ」

私「そうですか。良かったですね」

だいたい私はその課長のことを知りません。どう返事をしていいのか困る話ばかりでした。自己開示をして赤裸々に話す人だとは思いましたが、親近感はほとんど湧きませんでした。

その後席も替わり、別の男性Bさんとお話しさせて頂きました。その人も非常にフランクな人でした。

男性B「私には10歳と5歳の娘がいましてね」

私「私も10歳の娘が1人います」

男性B「そうですか。もうパパなんか見向きもしないでしょ?」

私「いや、うちはまだパパっ子でして」
男性B「それはうらやましいです。うちなんか上の子はもちろん3歳の娘まで『パパいらない』って言うんですよ」
私「それは辛いですね」
家族の話からはじまり、その後いろいろな話で盛り上がりました。

2人ともフランクで自己開示をしてくれました。しかし男性Aさんは自分のことではなく、会社や他人の愚痴ばかりです。聞いている方はあまりいい気分にはなれません。一方男性Bさんは自分自身のちょっと恥ずかしい自己開示をしてくれました。私は男性Bさんの方がはるかにいい印象を持ったのです。

表面的な話や説明だけではお客様と仲良くなることはできません。出会った人との距離を縮めるために自己開示は必要なことです。ただし自己開示は自分の会社や上司の話ではなく、自分自身の話をしましょう。

□ **自己開示するなら自分のことを話す**

04 つい応援してしまう「アンダードッグ効果」

explanation

アンダードッグ効果とは、弱い立場にある人や不利な状況に追い込まれている人を見ると、応援したくなる心理のことを言います。

さらにその人の一所懸命に努力する姿を目の当たりにする機会があれば、その思いはいっそう強くなります。

アンダードッグ効果は、「負け犬効果」と言うこともあります。


小学生時代のマラソン大会を思い出してください。

最終ランナーがフラフラになってゴールへ戻ってくる姿を見たことがあると思います。最終ランナーには「頑張れー！　あともう少しだ！」と暖かい声がかけられます。全校生徒が見守る中、ゴールした時は自然と拍手が湧きあがることもあります。でも、努力を重ね、本当に頑張ったのはトップランナーですよね。

《なんでトップより、ビリのランナーの方が応援されるんだ？》と不思議に思ったことが一度や二度あるでしょう。全力で走り続けているトップランナーの方が苦しいはず。にもかかわらず、どうしても心情的にビリのランナーを応援してしまうものなのです。

これは小学生だけでなく社会に出てからも同じです。例えば選挙の予測報道で不利とされた候補者に同情票が集まるなどの効果も、このアンダードッグ効果だと言えます。


アンダードック効果は営業でも活用できます。

私自身、住宅会社で営業をしていた頃に利用したことがあります。それは、何回も手直した図面を取っておいて、お客様に見せるというテクニックです。スマートな完成品だけでなく、頑張って準備したプロセスをお客様に「毎日試行錯誤しましてね」とチラッと見せます。時には10パターンも、20パターンも見せます。数多く見せることで《こんなに頑張ってくれたんだ》と思ってもらえるのです。

さらっと完成図面を提出したのでは、お客様は何の感動もありません。言ったことをただやってくれただけと思われてしまいます。そうではなく、不器用だけど頑張っている印

象を与えた方が、何倍もありがたく思ってもらえます。そうすることでお客様は《私たちのためにここまで頑張ってくれた》と感動してくれるのです。

これはアンダードック効果を有効的に活用している一例です。

またアンダードック効果を服装に応用している人もいます。

先日、飛び込み訪問をしている人とお話しした時のことです。その営業マンはこんな面白いことを言っていました。

営業マン「飛び込みをする時は作業着で行くんですよ」

私「なぜですか？」

営業マン「お客様の同情を買うための演出です」

私「面白いですね」

営業マン「作業着の方がお客様は安心してくれるんですよ」

その営業マンは続けてこうも言っていました。

営業マン「菊原さんのうちにビシッとスーツで決めてピカピカの靴の営業マンが来たらどうしますか？」

私「う～ん、まず断りますね」
営業マン「では作業着で必死に頑張っている営業マンでしたらどうします？」
私「たぶん断るとは思いますが、もしかしたら同情して話を聞くかもしれません」
営業マン「そうでしょ。頑張っている人は誰でも応援したくなるものなんです」
これも頑張っている人を思わず応援してしまうアンダードック効果です。これを戦略的に演出している彼に感心しました。

百戦錬磨のベテラン営業マンでも注文を取れなかったお客様が、知識も経験も少ない新人営業マンの一所懸命さに負けて注文を出してしまう、これもアンダードック効果によるものです。
アンダードック効果をうまく活用してお客様から応援してもらいましょう。

□ **スマートよりもチョッと不器用な演出**

05

お客様から安心される「同調効果」

explanation

心理学者アッシュの実験で興味深いものがあります。9人の被験者を集めるのですが、このうちの8人はサクラを用意します。2回簡単な質問を出し、サクラ8人は同じ正しい回答、被験者も正しい解答をします。3回目に3本の線を見せ、この長さが同じかを聞く実験です。8人のサクラが「同じ長さの線です」と先に答えた後、被験者がどう答えるかを調べたところ、明らかに1本だけ違うにもかかわらず「同じです」と答えてしまいました。これが「同調効果」と呼ばれるものです。

普段は、私の周りにはあまりサッカーファンはいません。しかし、ワールドカップの年になるとサッカーファンだらけになります。あなたの周りでもそうではないでしょうか？大学の控室で一緒になる先生が何人かいるのですが、今までサッカーの話は一度もしたことがなかったにもかかわらず、その時期はみんなワールドカップの話をしています。

「ワールドカップは時差がキツイよ」と今まで興味のなかった先生でさえ、夜中の3時から観戦したりと夢中です。

私が驚いたのは母親です。普段、私の母親はスポーツ観戦をほとんどしません。にもかかわらず、ワールドカップだけは見ていました。《みんなが見ているんだから私も》と自然に思うのでしょう。こういったことを同調効果と言います。

このような心理状態は、実は身近なところで常に起こっています。

「夏になる前にダイエットをしよう」

「クリスマスだから何か高いプレゼントを用意しないと」

「バレンタインデーにはチョコを手作りしよう」

などなど。知らず知らずのうちに他の人に影響されているのです。

同調効果はこの他にもあります。子どもの頃を思い出してみてください。

「みんなが持っているんだから買ってよ！」

と親にせがんだことが一度や二度あるのではないでしょうか？　先日も娘に、

「3DSを買ってよ。みんな持っているんだから」

とせがまれました。

《みんなが持っているのに自分だけ持っていないのはおかしい》という心理になります。

これこそ同調効果の最たるものです。

こういった心理は営業活動でも利用できます。

例えば現場見学会のチラシに写真を載せるとします。どちらの方が反応がいいでしょうか？

A　きれいな家のイメージ写真

B　人がたくさん集まっていてちょっとしたお祭りのような写真

圧倒的にBの写真の方が反応がいいのです。たくさんの人が集まっている写真には、ワールドカップやバレンタインデーと同じように《みんなが見学に行っているのだから私も行ってみようかな》という気分にさせる効果があります。

また同調効果はこのような使い方もあります。

お客様から安心して反応をもらうための手紙にもこう一言加えます。

「今月も17名の方がこの資料を請求されています」

《17人が請求しているんだな。それじゃ安心だし請求してみよう》

と感じるお客様もいます。

「みんなが参加されていますよ」

「これから検討する方の多くが資料請求されていますよ」

とサラっとお客様に伝えてください。

口頭で説明する時、もしくは手紙で伝える時にこのようにひと工夫するだけで、今までよりずっと反応が良くなります。

他人に影響される人の同調効果を利用して、初対面の警戒心を解きましょう。

□ **人は知らず知らずのうちに人に影響されている**

06 相手の共感を得る「バックトラッキング法」

explanation

バックトラッキングとはいわゆる、オウム返しのことで、相手が言ったことをそのまま言い返すことです。

例えば「最近、疲れが抜けなくて」という人に対しては、「最近、疲れが抜けないんですね」とそのまま言い返します。

これにより相手は《自分の話をよく聞いてくれている》また《キチンと理解してくれている》と感じます。


あなたが人と話をしていたとします。

「いやいや、違うだろう」

「そうじゃなくて」

「て言うかさぁ」

というような相槌をされたらどう思うでしょうか?

間違いなく、話していて気分が悪くなるでしょう。**人は誰でも自分の話をよく聞いてもらいたいですし、共感してもらいたいと思っている**ものです。

私の知り合いに、夫婦関係で非常に悩んでいる人がいます。

少し話をしただけで大ゲンカ。朝からケンカすることも多く、1日中気分が悪いことも多いと言います。営業でもストレスが溜まり、家ではもっと溜まる。最悪の状態が続いていました。その知人が先日このようなことを言っていました。

知人「最近、妻との関係が良くなりましてね」

私「そうですか。それは良かったですね。何か工夫しているんですか?」

知人「大したことではないのですが、妻の**言ったことを否定するのではなく1回受け入れるようにした**んです」

今までは奥さんに対してすぐに反論していたと言います。

例えばこのような感じです。

奥さん「最近やることが多くて片付けができないわ」

知人「仕事していないんだから、掃除くらいキチンとできるだろ」
奥さん「何言っているの！　子育てから家事をすべてやっているじゃない！」
知人「当たり前だ！　それがお前の仕事だろ！」
これではまずケンカになってしまいます。だから、相手を否定して自分の意見を言うのではなく、一度相手の言ったことをそのまま受け入れるようにしたというのです。
奥さん「最近やることが多くて片付けができないわ」
知人「最近やることが多くて片付けができないのかい？」
奥さん「そうなの。小学校の行事や役員の仕事も多くて、また……」
知人「そうか。役員の仕事も多いんだね」
知人は奥さんの言ったことをオウム返ししただけで、夫婦関係が改善されて営業活動にも支障がなくなったと言います。

これはお客様と話をしている時も同じことが言えます。お客様と話をしていて否定的なことを言われるとどうしても反発したくなります。
お客様「おたくの商品は使いづらくてねぇ」

営業マン「いやいや、そんなはずありません。それは使い方が良くないのだと思いますよ。まずはこうやって……」

このようにすぐに言い訳したくなることはありませんか。しかし、これではお客様はいい印象を受けません。たとえそれが正しい説明だとしても、いい関係にはなれないのです。どんなに言い訳をしたくても一度お客様の言っていることを受け入れます。

お客様「おたくの商品は使いづらくてねぇ」

営業マン「使いづらいのですね」

お客様「そうそう、この前、電源が入らなくなってね」

営業マン「電源が入らなくなったのですね。それはこのようなケースが……」

このように**相手の言ったことをオウム返しして一度受け止めます。それから意見や対策を言う方がいい**のです。

お客様との関係も夫婦関係同様、一度受け入れることで劇的に反応が改善されることがあります。お客様に試してみるのもいいですが、まずは身近な人で練習することをおススメします。

□ 相手の話はまず一度受け止める

Chapter 2

アプローチ 編

警戒されずに距離を縮める技

07
口べたや人見知りを利用する「ツァイガルニック効果」

explanation

ツァイガルニック効果とは、人間の記憶において「未完の課題についての記憶は、完了した課題についての記憶より想起されやすい」という現象のことを言います。簡単に説明すると、「人は完成されたものより、未完成のものに興味を引かれる」というものです。

うまくいった過去の恋愛よりも、片思いで終わってしまった相手の方が何年経っても忘れられない。そのような経験がある人もいるかもしれません。成就しない恋は記憶に残るものです。これはツァイガルニック効果の1つです。

ツァイガルニック効果はさまざまなことに応用されています。

映画やドラマ、漫画の主人公を思い出してください。

「天才でお金持ち、さらにスポーツ万能でルックスもいい人」が主人公になることがあるでしょうか？ ほとんどないはずです。逆に「貧乏で欠点も多いけど、夢や希望に向かって頑張っている人」が主人公になるものです。完璧な人にはなかなか共感できませんが、欠点がある人には思わず共感してしまいます。このように**人は完成されたものより未完成なものに興味を引かれる**のです。

ツァイガルニック効果とは聞き慣れない言葉ですが、実際のところ営業活動ではよく利用されています。また知っていると大いに勇気付けられることでもあります。

経営者が集まる勉強会に参加した時のことです。40代の男性の方と名刺交換をさせて頂きました。

男性「あれ？ 菊原さんじゃないですか？」

私「はい、そうですが」

男性「動画を見ましたよ。あれいいですね」

私「ありがとうございます。ただあれは出来が悪くて……」

男性「だからいいんじゃないですか！」

この人は研修やセミナーをしている人です。同業ということもあり、私の動画を見てくれたそうです。この動画は私の営業ノウハウを収録したものなのですが、カメラを目の前にしたこともあり緊張しすぎてしまいました。

表情も硬く、噛んでいる部分も多く、今見ても恥ずかしくなるくらいです。

男性「あの感じは最高ですよ」

私「そうですか？」

男性「私も昔は緊張したり噛んだりしていたのですが、今はすっかり慣れてしまいましてね」

私「確かに、回数を重ねるとうまくなりますよね」

男性「ただ私の場合うまくなっていくに従って仕事は減りました」

この人はもともと口べただったと言います。少しでもうまく講演したいと思い、話し方教室に通いトレーニングを開始。あっという間にコツをつかみます。しかし皮肉なことに講演がうまくなるにつれて、一般の営業マンとの距離が遠くなったというのです。

人は未完成なものに引かれるという心理があります。だから変にうまくなるとその魅力

が損なわれることもあるのです。

営業をやっている人の中には好きでやっているわけではない人も多くいます。無理やり営業職をさせられ、営業に馴染めず悩んでいる人も少なくありません。

《どうしても緊張してしまう……》

《この口べたが何とかならないものだろうか》

《友達と同じようにお客様とも話せたら》

このように思う人もいるでしょう。しかしそれらが改善した途端、お客様はあなたのことを警戒するということもよくあることなのです。

ちょっと不器用、少し人見知り、慣れていない感じ……などなど。いずれもお客様には安心感を与える絶好の要素だと考えてください。これらは営業を続けていればいずれなくなってしまうものです。

こういった傾向がまだある人は悲観するのではなく、自分のメリットとして考えてください。そう考え方を変えるだけで初対面や接客がグッと楽になりますよ。

□ **口べた、人見知りはメリットと考える**

08 思わずお客様が振り向く「カクテルパーティー効果」

explanation

カクテルパーティー効果とは音声の選択的聴取のことを言います。注意を向けさえすればその声が聞き取れますが、注意をそらすと他の人の声と混じり合って聞き取れなくなってしまいます。注意のメカニズムを表す典型的な例です。

たとえ騒がしいところでも、自分に関係ある内容は聞き取れるということです。

先日、娘とショッピングモールへ出かけた時のことです。歩いていると突然娘が反応しました。

「いまディズニーって聞こえた！」

私には全く聞こえなかったのですが、娘には聞こえるようです。娘はディズニーランドへ行って以来、その世界にハマりました。自分に興味のあるキーワードには敏感に反応するものだと思いました。

これは子どもだけのことではありません。私自身も「野球、ゴルフ、お笑い、飲み会……」などのフレーズには思わず反応してしまいます。

人それぞれ興味を持つポイントは違いますが、誰でもそういった経験があるでしょう。

街の雑踏、駅の電車音、慌ただしい社内、ゲームセンター、パチンコ屋、生徒が騒々しい講義……などなど。私たちは日常の生活で、雑音などのさまざまな音が混じり合って聞こえてくる空間に身を置くことになります。その中で自分の名前を呼ばれたり、自分に関係ある内容、興味あることは他の音よりも明瞭に聞こえてきます。たとえ聞こうとしている声が、周囲の声や雑音より小さくても、ハッキリと聞くことが可能になるのです。これをカクテルパーティー効果と言います。

このカクテルパーティー効果を営業に応用してみましょう。

営業活動ではお客様にいろいろなことを呼びかけます。訪問、電話、チラシ、手紙……

さまざまな方法で告知します。

「年末特別キャンペーン開催中！」

「低金利キャンペーン実施中！」

「50名様限定価格です！」

などなど。しかしこれではお客様は誰も振り向きません。

その理由は「キャンペーン、特別、限定」だけでは自分のこととは思わないからです。

これではどのような方法でいくら告知しても効果はありません。

それではどのように具体的にお客様を絞り呼びかけたらいいでしょうか？

「消費税増税に間に合わなかったお客様へ」

「24歳～28歳でお子さんが２人いるお客様へ」

「高崎市内で土地をお探しの方へ」

絞り込むことで、呼びかけに当てはまる人は反応します。

《条件を絞ったら当てはまる人が少なくなってしまうのでは？》と思う人もいるかもしれません。しかし心配はいりません。

条件に当てはまった人はもちろんのこと、意外なことに条件外の人から「私は29歳なのですが、大丈夫ですか？」と問い合わせがあるものです。ただ単に呼びかけるのではなく、一定の条件に絞ってお客様に呼びかけてください。

1 年齢で絞り込む
2 特殊な色などの条件で絞り込む
3 エリアで絞り込む
4 大きさで絞り込む
5 期間で絞り込む

などなど。

同じ告知を何度もするより、絞り方を変えてアプローチする方が何倍もいい結果になります。《お客様が全然振り向いてくれない》と悩んでいる人はぜひ条件を絞って声をかけましょう。

□ 人は興味のあることに思わず反応する

09 私は特別な存在と思わせる「バーナム効果」

explanation

バーナム効果とは、あいまいで一般的な表現でも、自分だけに当てはまることとして捉えてしまう現象のことを言います。

また、自分にとって肯定的な情報や意見を信じてしまう心理現象も、これに当てはまります。


朝のニュースでは必ず「今日の占い」というのをやっています。血液型、星座、生れ月、名字の頭文字などなど。さまざまなカテゴリーに分けて占ってくれます。

例えばあなたがA型でさそり座だとします。某テレビ局での血液型占いでは「A型の人は今日は鬼門の日。行動に気を付けて」という悪い結果です。一方違うテレビ局の星座占いでは「今日のさそり座は絶好調、何をやってもうまくいく日です！」という素晴らしい結果が出ました。さてあなたはどちらを信じるでしょうか？ **ほとんどの人はいい占いを信じる**のではないでしょうか。

このように肯定的な情報を信じやすいことをバーナム効果と言います。

占い師はこのバーナム効果を上手に利用しています。占い師は尋ねてきた人に対してこう聞きます。

「あなたは今迷っていることや悩みがありますね？」

誰でも1つや2つは迷っていることや悩みを持っているものです。そうした答えを聞きたくて占い師のところへ足を運んでいるわけですから。そもそも迷いや悩みがない人は占い師の前には現れません。しかし言われた方は《なんで私の心の中がわかるのかしら》と思います。

このような効果を利用して訪れた人を信用させていきます。

さてこのバーナム効果を営業ではどのように利用するのでしょうか？

主にお客様とお会いした時、すなわち初対面や接客で利用することができます。私は住宅営業をしていましたからお客様とお会いするのは主に住宅展示場になります。展示場にご来店頂いたお客様に対して、接客時にこのような質問を投げかけます。

「ところで今のお住まいに何か悩みがあるのではないでしょうか？」

この質問をすると先ほどの占い師の話ではありませんが、**《どうして私のことがわかるのだろう》**とお客様は思うのです。

一般の人にとって住宅展示場は、気軽に入れる場所ではありません。また住宅展示場には営業マンが待ち構えていることもお客様は知っています。そこへ足を運ばれるお客様は間違いなく今の住まいに問題を抱えています。今の家に悩みがなく満足している人が遊びに来るところではありません。

そんなお客様に対して「今のお住まいに何かお悩みは？」と聞けばお客様はいろいろ考え答えてくれます。

「いやぁ～とにかく部屋が狭くてね」

「子どもが部屋をほしがっていまして」

「水まわりが古くなって……」

「子どもが小学校に上がるまでには土地を探したいと思っています」

などなど。このように現状のお悩みを探して話してくれます。営業マンにとってお客様の悩みを知ることは大切な要素です。また「お悩みは?」というような漠然とした質問ではなく、次のように具体的に質問をしてもいいでしょう。

「収納にお困りではありませんか?」

「水まわりが使いにくくなっていませんか?」

「お風呂の掃除が大変ではありませんか?」

などとお悩みをピンポイントで質問するのです。たいていのお客様は収納や水まわりの使いづらさに悩んでいます。具体例を挙げて質問するとより答えてくれる確率は高くなります。たとえそういった悩みがなかったとしても、

「収納には困っていませんが、床の沈みが気になってきましてね」

などと有力な情報を聞き出すことが可能になります。

お客様の多くが当てはまる具体例を入れて質問してみてください。その質問がお客様にいろいろと話してもらえるきっかけになるでしょう。

□ お客様が思っていることを先回りして質問する

10 接触すればするほどお客様から優しくしてもらえる「ザイアンスの法則」

explanation

人間は知らない人には攻撃的、冷淡な態度をとり、逆に会えば会うほど好意を持つようになることをザイアンスの法則と言います。
人間は相手の人間的な側面を知った時に、より相手に好意を持つようになるという心理を表したものです。

質問です。ある2人の営業マンがいたとします。営業マンAは全く面識がありません。営業マンBはすでに5回以上顔を合わせています。その2人から同じようなお誘いがあったとします。

「ノルマがありまして、今週末にイベントに来て頂けないでしょうか?」

あなたはどう答えるでしょうか?

全く面識のない営業マンAに対しては、《冗談じゃない! なんでお前のノルマのためにわざわざ週末に行かなくちゃならないんだ!》と腹が立つでしょう。

一方5回以上面識のある営業マンBに対しては、《まあ、彼がそう言うのだから、暇だったら行ってみるか》と同じお願いでも対応が違ってきます。

人は知らない人には冷たく対応し、知っている人に対しては冷たくできないものです。

これをザイアンスの法則と言います。

ザイアンスの法則は人間誰しもが持つ本能的な機能とも言えます。例えば赤ちゃんや小さい子は知らない人を見ると警戒し緊張します。「まあ、かわいいわねぇ」と近づいてきた人に向かって大声で泣くのです。しかし数回会っているうちに顔を覚え、会うと笑うようになります。

ザイアンスの法則は物心がつく前から持っている防御機能のようなものです。

1つ例をお話しします。

私が開催している通信講座の会員さんで、卒業後もずっとハガキを送ってくれた人がいました。2年近く送って頂いたでしょうか？しかし2年過ぎた頃から急に送られてこなくなったのです。《○○さんからハガキが来ないけどどうしたかな？》と気になって、私は思わずメールをしてしまいました。

私の営業マン時代にも似たような経験をしたことがあります。

ある気難しいお客様を接客した時のことです。まともに話してくれず苦戦したのですが、手紙の送付の許可だけは取れました。半年くらい送り続けた時でしょうか？　たまたま仕事が忙しくなり、ふっと手紙を送るのを2カ月くらい忘れてしまったのです。そんな時にお客様から電話がかかってきました。

お客様「最近手紙が来なくなったけど、どうしたんだ？」

私「すみません。今月はキチンと送ります」

お客様「なんだ元気そうじゃないか。体でも壊したのかと思ったよ」

私「ご心配ありがとうございます」

ほとんど話ができなかったお客様からこんな電話があるとは思ってもみませんでした。

このお客様はその後契約となりました。これこそザイアンスの法則の威力なのです。

契約してくれたお客様は私にこう話してくれました。
お客様「私は営業マンが嫌いでね」
私「まあ、そうですよね」
お客様「でも菊原さんだけは毎月送ってくるから気になっていて」
私「情報はお役にたちましたか？」
お客様「そうだね。でもそれより毎月来ないと気持ち悪くなったよ」
そのお客様らしい私への褒め言葉だったのです。

このような気難しいタイプのお客様は他の営業マンも近づきにくいと思っています。だからこそチャンスです。どんな気難しい人でも何度もアプローチしていると親近感を持ってくれます。こういったお客様にこそ、手紙でそっと細く長くフォローすることをおススメします。気難しいお客様に限りませんが、細く長く接していれば必ず親近感を持ってもらえるようになるのです。

☐ **お客様との接触頻度を増やすと信頼される**

11 素直に話を聞いてもらえる「両面・片面提示」

explanation

いい面だけを提示することを片面提示と言い、悪い面も提示することを両面提示と言います。
いい面だけ言う人は胡散《うさん》臭く感じ、いい面と悪い面の両方言ってくれる人は信頼を得られる、というものです。

例えば友人からこのような話を持ちかけられたとします。
友人「いい話があるんだよ」
あなた「どんな話？」
友人「１００万円をある会社に預けておくだけで年10％以上も金利が付くんだ。しかも元金保証でリスクなし、その上……」

このようにいい面ばかり並べ立てられたらどうでしょうか？

《そんないいことばかりのことってあるのか……》

どんな仲のいい友人だとしても疑うはずです。ましてや知らない営業マンからの話でしたら、即断ります。

では次のように両面を説明したらどうでしょう？

「100万円をある会社に預けておくだけで年10％以上も金利が付くんだ。ただ、○○の場合には元本割れする可能性もあるけどね」

こうなればかなり印象は変わり、信憑性は高くなります。**人はいい面だけ伝えても信じません。その理由はどんなことでもいい面、悪い面があることを知っているからです。**

先日社長さんに誘われた時のことです。

社長さん「○月△日にパーティーがあるんだけどどう？」

私「○月△日ですか？」

社長さん「料理はまずくて高いけど、菊原さんにとって有益な人たちと出会えると思うよ」

私「わかりました、ぜひ出席させてください」
忙しい日だったのですが、思わず参加することを決めてしまいました。
悪い面：料理が高くてまずい
いい面：人脈ができる
このように両面を言ってくれる人は信用できます。

私が推奨しているトークに**「デメリット・メリットトーク」**というものがあります。デメリット・メリットトークとは文字通り、はじめにデメリットを言い、その後にメリットを言うトークです。はじめにデメリットを言うことで《この人は正直な人だ》という印象を与えられます。また人は最後に聞いたことの方が記憶に残ります。さらにデメリットの後にメリットを言った方が引き立つという効果もあるのです。

例えばエコキュート（電気温水器）の説明をするとします。
「エコキュートの最大のメリットは深夜電力でコストダウンできることです。また温度も安定していますし、さらには○○という利点があります」
このようにメリットを並べたくなりますが、聞いているお客様はメリットをいくつも聞いているうちに、《本当にいいことばかりなのだろうか？》という疑問を持ちはじめます。同じエコキュートの説明でも、デメリットをはじめに言えば印象は変わるのです。

「設置する時に多少費用がかかりますが……」

と言ってからメリットを伝えれば、お客様がすんなり聞き入れてくれる可能性は格段にアップします。

自社の商品の説明をする際にメリットばかり並べても効果はありません。そもそういったメリットの羅列にお客様は興味がなく、聞く耳を持ちません。仮に聞いてくれたとしても胡散臭く思われてしまいます。

私は接客でトーク設計図（あらかじめお客様に説明するトークを考えておくもの）を作成して活用していました。その中で気付いたことがあります。それは**3つ以上メリットを続けるとお客様はとたんに信じなくなる**ということです。

お客様はどんな商品でもメリットだけではないと知っているからです。《最近お客様が話を聞いてくれない》と感じる人はいい面だけでなく悪い面も伝えてください。きっといい反応を得られるはずです。

☐ **メリットだけでなく、デメリットも述べる**

12 警戒心を一気に解くための「クレショフ効果」

explanation

クレショフ効果とは、1つの映像が映画的に編集されることによって、その前後に位置する他の映像の意味に対して及ぼす性質のことを言います。
映像や写真がばらばらに単独で存在するわけではなく、つながりの中で無意識に意味を解釈することがもたらされるということです。

クレショフ効果をもう少し詳しくお話しします。心理学者のクレショフは、無表情の男性の写真を用意しました。そして、その写真の前に3つの異なる写真を置きました。

・第1パターン　無表情の男性の写真の前に、スープ皿のクローズアップを置く

・第2パターン　スープ皿のかわりに、棺の中の遺体を置く
・第3パターン　棺の中の遺体のかわりに、ソファに横たわる女性を置く

それぞれのパターンを見た後で、無表情の男性の写真が表す感情を第1では空腹と感じ、第2では悲しみと感じ、第3では欲望と感じたのです。

同じ無表情の写真だとしても前の情報によって受け取り方が変わるという心理現象をクレショフ効果と言います。

それではクレショフ効果を営業に活用してみましょう。
あなたがお客様だったとします。営業マンと会う前に写真入りの手紙が届きました。（第1、第2パターンともに同じ人物）

・第1パターン　無愛想な写真の手紙
・第2パターン　笑顔の写真の手紙

第1パターンの写真は《気難しくてとっつきづらい人だ》と思い、第2パターンの写真は《明るくて誠実そうな人だ》と感じるのではないでしょうか。**お客様と会う前からいい印象を持ってもらえれば、その後の営業活動は非常に楽になります。**その逆に悪い印象を持たれれば非常にやりにくくなるのです。

とはいえ、感じのいい写真を撮るのは難しいという人もいます。もともと強面でうまく笑顔が作れないという人も少なくないのです。

ある60代の社長さんとお会いした時のことです。嬉しそうに写真入りのハガキを見せてくれました。

社長さん「菊原さん見てくださいよ。この写真」

ハガキの写真を見ると嬉しそうに赤ちゃんと一緒に写っています。

私「お孫さんですか？」

社長さん「そうなんですよ。かわいくてしょうがないんです」

この社長さんもかなりの強面です。本人も、「いくら笑っても顔の怖さは隠しきれない」とよく言っていました。しかし、お孫さんとの写真は別人のようです。にこやかに非常にいい表情をしていました。このハガキをお客様に送ると言っていましたが、間違いなく好印象を得られるでしょう。

またこのような例があります。

知り合いに独身の営業マンの方がいるのですが、お姉さんの子どもとの写真を載せたことがありました。するとお客様から、

「かわいい女の子ですね。誰の子ですか?」

「いつの間に結婚したのですか?」

と問い合わせがあったと言います。自分が出した手紙に反応してもらえると嬉しいものです。彼はそれから**お客様に出す手紙やハガキに載せる写真を工夫する**ようになりました。

事前にお客様に好印象を持ってもらうためには、いい写真を載せることが大切です。

《なかなか笑顔が作れない》

《自分だけではどうもインパクトが出ないな》

という人は赤ちゃんやお子さんと一緒に撮ってみたらどうでしょうか? 周りに子どもがいない人は、犬や猫も効果的です。自分1人ではなく、一緒に撮った方がいい表情になります。いい写真でお客様に好印象を持ってもらいましょう。

□ **写真は魅力的なものと一緒に写ろう**

13 徐々に誘い込む「ロー・ボール・テクニック」

explanation

ロー・ボール・テクニックとは、相手が認めやすい提案をして、それに承諾したら次々とオプションを要求していく方法です。
例えばある商品を購入するか考えている相手に商品のメリットを説明し、購入の意志を決めた後に、「実はこのメリットを活かすためには有料の付属品を買わなければなりません」と説明するような手法。気が付いた時には営業マンの術中にハマった感じを与えることもあるため、使い方には注意を払う必要があります。

ゴルフクラブを買いに行った時のことです。ほしいと思っていた中古のゴルフクラブが格安で売られているのを見つけました。あまりの安さにお店の人にこう質問しました。
私「このシリーズのクラブがどうしてこんなに安いのですか?」
店員さん「これはめったにない掘り出し物ですよ」

《これはツイている！ ラッキー！》と思い、購入を決めました。

「実はライ角の調整がしておりませんが、少しの費用でできますよ」

「グリップからへたっているクラブもありますからグリップを交換した方がいいですよ」

と次々にオプションが提案されたのです。もちろんライ角の調整やグリップを交換した方がいいに決まっています。店員さんのおススメを受け入れているうちに、どんどん金額が積み上がっていきました。結局、他で買うのとそれほど変わらなくなっていたのです。

人は一度《買う》と決断すると、その後の追加も受け入れる傾向が強くあります。まさにロー・ボール・テクニックを上手に使われた例です。

ロー・ボール・テクニックは営業ではよく使われるテクニックの1つですが、悪用してはなりません。巧妙であればあるほど、お客様は騙されたと感じます。

先ほどのゴルフクラブくらいでしたらまだいいのですが、高額になればトラブルの原因になります。仮にその場で購入、契約したとしてもキャンセルになることもありますので、使い方には十分注意してください。

私がロー・ボール・テクニックを活用していた例をご紹介します。

接客していた時のことです。一組のお客様が入ってきました。
私「こんにちは、どうぞ」
お客様「アンケートとか書けないんですけどいいですか？」
私「いいですよ。そういったお客様もいますから」
お客様「すみません」
お客様の中にはいろいろな事情を抱えている人もいらっしゃいます。例えば現在二世帯で親に内緒でコソっと計画を立てている家族は名前や住所などの情報を教えることはできません。
私は雑談をしながら様子をうかがっていました。
私「お客様はどうして展示場へ見学にいらっしゃったのですか？」
お客様「将来的に考えていてね」
私「お客様の好みはありますか？」
お客様「そうですね、ゴチャゴチャしているよりシンプルの方がいいです」
特にアンケートが書けない問題があるようには感じませんでした。そこで私はお客様が答えやすい質問を投げかけました。

私「お客様と呼ぶのもなんですから、お名前だけでも教えて頂けますか？」
お客様「○○と言います」
私「○○さんですね。ありがとうございます」
名前を教えてくれないお客様はほとんどいません。**まず名前だけ教えてもらう、これがロー・ボールです。**
何か1つ情報を公開すると次の情報は比較的簡単に教えてくれます。住んでいる方面、職種、子どもの小学校など、次々に話してくれました。その後、話が盛り上がり結局はアンケートに住所と連絡先を記入してもらったのです。もしはじめから諦めて接客していたら、アンケートは取れなかったでしょう。
今のお客様は個人情報を明かすことに抵抗を持っており、「住所や連絡先は教えられません」という方が増えているのです。そんな時は**諦めずに名前や住んでいる方面から質問してみましょう。**そういったことがきっかけで打ち解けて、住所や連絡先を教えてもらえることもよくあります。

☐ **諦めずに答えやすい質問をする**

Chapter 3

ランクアップ 編

商品をより魅力的に見せよう

14 普通の商品を人気商品に変える「バンドワゴン効果」

explanation

バンドワゴンとは行列の先頭の楽隊車のことであり、「バンドワゴンに乗る」とは、時流に乗るとか、多勢に与《くみ》するという意味です。「勝ち馬／時流に乗ろうとする」心理のことを言います。

要するに、多数の支持を受ける物事の方が受け入れやすくなることです。

ランチタイムのピーク時にラーメン屋さんに行ったとしましょう。12時過ぎにガラガラのラーメン屋さんと行列をなしているラーメン屋さんではどちらがおいしそうに感じるでしょうか？　ほとんどの人は混んでいるお店をおいしそうだと思い、その列に並びたくなるはずです。

もう1つ例をお話しします。家の近くにショッピングモールがあるのですが、そのテナントには同じようなデザートショップが隣同士に並んでいます。片方は行列ができ、もう片方はガラガラ。私にはどちらも同じような味に感じるのですが、**人は行列ができている方を《おいしい》と思い込み長い列に並ぶのです。**

こういったことをバンドワゴン効果と言います。

ではバンドワゴン効果を営業の現場で活用してみましょう。

住宅展示場での例をお話しします。一般的な人にとって住宅展示場は縁がないところです。敷居が高く、入りづらく感じている人も少なくありません。お客様が展示場へ入ろうとして玄関先を覗きます。

1足も靴がない様子を見て《こんなところに入ったら営業マンにマンツーマンでマークされゆっくり見られないのでは?》と入店するのを躊躇するでしょう。時には来店を諦め、そのまま帰ってしまうお客様さえいるのです。

そうならないための工夫として、住宅展示場では玄関先にダミーの靴を2足~3足並べて置くといいのです。その靴を見たお客様はこう思います。

《他にもお客様が入っているのだから安心して見学できそうだし、それに評判がいいのでは》と勝手に期待して入店してくれるのです。

さらに実際のお客様が入っている所を見て他のお客様も入店します。人が人を呼ぶという現象です。

実際、住宅展示場へ行ったことがある人ならばわかると思いますが、同じような立地にもかかわらずA社はお客様でいっぱいで、B社はガラガラという現象が起こります。また私自身も何度も経験しましたが、ある時間帯はお客様がゼロになり、1組2組入ってきたかと思うと一気にお客様がなだれ込むことがありました。

これは、まさにバンドワゴン効果によるものです。お客様は行列のできるラーメン屋と同様に、大盛況の展示場を見て《こんなに人が入っているのだからいい住宅に違いない》と思いながら入ってくるのです。

私のクライアント先の社長さんがこんなことを言っていました。

「お客様が並ぶまではさくらを3～4人用意するんですよ」

その会社は大ホールに100以上のブースが並ぶイベントに出展しています。お客様はたくさん来るのですが、何しろブースは１００カ所以上あり、ほとんどの人が素通りしてしまいます。

そこで３～４人のさくらを用意します。すると本当のお客様が足を止め、説明を聞くようになります。そしてあっという間に列ができるのだそうです。上手にバンドワゴン効果を活用している例だと言えます。

またバンドワゴン効果はリアルの店舗だけでなくチラシやＨＰなどにも応用可能です。セミナーを企画している会社のＨＰでは、50人以上の参加者が所狭しと座っている写真を掲載しています。すると、《これほど人気のセミナーなら安心だ》と思って参加するわけです。もし会場に数人の人がまばらに参加している写真だったら、参加を見送っていたかもしれません。

今までご紹介した例のように、**多くの人が並び、集まっている所を見るとお客様は安心して近づいてくれるようになります。**さらには、そのもの自体の価値も上げてくれる一石二鳥の方法なのです。

□お客様がお客様を呼ぶ

15 違いを明確に示すための「リフレーミング」

explanation

リフレーミングとは、ある枠組みで捉えられている物事を枠組みを外して、違う枠組みで見ることを指します。

同じ物事でも人によって見方や感じ方が異なり、ある角度で見たら長所になり、また短所にもなります。

人によって1つの現象が全く違うものになるということです。


プラス思考の説明の時に、水が残っているコップの話がよくあげられます。水が半分入っているコップを見たとして、ある人は「まだ半分もある」と言い、別の人は「もう半分しかない」と言います。食べ物の例で言えば300グラムのカレーを《少ない》と思う人もいれば《多すぎる》と思う人もいます。

このように、人によって物事の捉え方は変わってきます。

また、同じ人であっても状況によって受け取り方は変わります。

例えば得意科目の試験で解答が終わり、見直しもしてしまったとします。試験で残り時間が10分あった場合、《まだ10分もあるのかぁ～》と思うでしょう。逆に苦手な科目の試験で難問と格闘していたとします。その場合は「あと10分しかない」と思います。

このような**受け取り方で物事が180度変わってしまう心理現象をリフレーミングと言います。**


このリフレーミングを営業に応用してみましょう。

お客様と接客していた時のことです。私はお客様に対してこんな説明をしていました。

私「当社の鉄骨の厚みは6ミリなんですよ」

お客様「はぁ……」

《軽量鉄骨では6ミリは厚みがあり、しっかりしている》という認識を持っているお客様が何人いるでしょうか？　おそらく100人に1人か2人いればいい方です。

私自身は毎日その説明をしていますから、当たり前のように感じています。しかしお客様はどうでしょうか？　そんなマニアックなことを知っているわけがありません。**6ミリと聞いて《厚くてしっかりしているな》と思う人もいれば《そんなに薄くて大丈夫なのか？》と心配になる人もいます。**こんなお客様に伝わらない説明をしていては、いい結果につながることはありません。

また私はこのような勘違いもしていました。新商品が出た時のことです。その建物は今までより坪単価が5～8万円くらい安くなりました。《平均40万円台だし、これはお客様の受けがいいぞ》と思っていたのです。

週末になり接客にワクワクしながらその商品のトークをしました。

私「先日新商品が出ましてね」

お客様「そうですか」

私「坪単価も平均40万円台とかなりお得なんです！」

お客様「へぇ……」

その後も何人かのお客様に試しましたが、反応は全くと言っていいほど良くありません。今から考えみれば坪単価40万円台の建物なんてザラにあります。お客様にとって珍しいことでもなんでもなかったのです。

自己満足の説明ではなく、お客様が理解できるように説明する必要があります。私はその後、工夫してこのように説明することにしました。
私「当社の建物は高品質なため、一般的に坪単価50万から55万円くらいが多いです」
お客様「そうですか」
私「ただ全く同じ内容で坪単価を40万円台にすることも可能です」
お客様「どんな方法ですか？」
このように**対比する商品を説明するようになってから興味を持ってくれるお客様は多くなりました。**
《自社の商品が一番優れている》
《値段も安くてお得な商品だ！》
と思って説明したのにお客様が食いついてこないと感じている方は、独りよがりの説明になっていないかチェックしてください。自分はお得だと思っていても、お客様には伝わらない時もよくあります。
対比や補足説明をしてしっかり伝わる工夫をしましょう。

□ **その知識は共通認識なのかを考える**

16 売りにくい商品を売りやすくする「コントラスト効果」

explanation

非常に高価なA商品を見た後に、それよりは安価なB商品を見ると、普段なら手が出ないB商品が安く感じられることがあります。
これは「コントラスト効果」と呼ばれ、相対的に物事を捉えがちな人間の認知特性が引き起こす効果です。

あなたが仲間の飲み会の幹事を引き受けたとします。お店を決めたのですが、料理をどのコースにしようか迷っています。次の2つのコースのうち、どちらを選択したくなるでしょうか？

Aとにかく安くエコプラン　2500円
B大満足お得プラン　3500円

AコースかBコースか迷うでしょう。では次の3つのコースの場合はどうでしょうか？

Aとにかく安くエコプラン　2500円
B大満足お得プラン　3500円
Cちょっとリッチにプレミアプラン　7500円

今度はBコースを選びたくなったのではないでしょうか。グレードの高いCコースを追加することでBコースが安く感じ、これを選ぶ人が格段に増えます。

このように商品には3つの価格を付けると効果があります。

いわゆる昔から言われる、松竹梅というものです。このように**2つの価格帯のものに1つ追加して3つの価格帯にしてみます。こうすることで真ん中のプランがお得に見えるの**です。これもコントラスト効果の1つです。

コントラスト効果を営業活動で応用してみましょう。

結果を出している営業マンからこのような話を聞きました。

営業マン「会社で見積手数料3万円というのを企画しましてね」

私「見積りで料金を取るのは珍しいですね」

営業マン「そうなんです。はじめはとんでもないと思ったのですが」

ほとんどの会社は見積りを無料にしています。《有料にしたら誰も頼まなくなるのでは?》と思うでしょう。この営業マンも間違いなくやりにくくなると思っていました。しかしこれには意外な効果があったと言います。

営業マン「実は調査を2種類に分けましてね」

私「2種類にですか?」

営業マン「そうです。簡易見積りと詳細見積りの2パターン作ってみました」

私「それでどうですか?」

営業マン「簡易見積りのアポを取れるようになりましたし、また驚くことに有料にする
お客様も少しですが、いるんですよ」

私「そうですか」

営業マン「結果的に、以前よりアポイント数がだいぶ増えましたね」

有料の見積りができたことで、お客様は簡易見積りを頼みやすくなったと言うのです。以前は「見積りを出させてもらえないでしょうか？」もしくは「ぜひ見積りを見てください」とお客様にお願いするだけでした。

しかし2パターンになったことで次のように言えます。

「詳細見積りを出すには3万円かかりますが、まずは無料の簡易見積りからやってみませんか？」この方がお客様は承諾する可能性は高くなります。これは選択肢が3つではなく2つの事例ですが、コントラスト効果を使った成功例だと言えます。

あなたの周りに売りづらいもの、もしくは依頼を取りにくいものがあるでしょう。そんな時は、それよりもっと「高いもの」や「難しいもの」を設定してみてください。**難度の高いものを設定することで、売りやすくなったり、依頼を取りやすくなったりします。**コントラスト効果を活用してもっと簡単に商品を売りましょう。

□ 売りにくいものには、さらに売りにくいものを用意する

17 イベント、商品を魅力的に変える「カリギュラ効果」

explanation

カリギュラ効果とは、禁止されると、かえって余計にその行為をやってみたくなる心理のことです。「ダメ」と言われるとそのことが頭を離れなくなり、余計に魅力的に感じてしまいます。

まるで「ロミオとジュリエット」のようなもので、禁止されればされるほど、愛が深まるといったようなことです。

以前、体調を崩したことがありました。お医者さんからは「しばらくの間、アルコールは絶対に飲まないように」と言われました。アルコールを飲むと炎症が悪化するので絶対にダメだというのです。私は毎晩晩酌しているわけではありません。出かけた時に飲むというスタイルですが、禁止されるとやたらに飲みたくなります。《あぁ〜どうしてもビールが飲みたい……》と渇望し、ついには夢にまで出てきたほどです。

またダイエットをしている人は「甘いもの、脂っこいものは絶対に食べない方がいい」ということは頭では理解できます。しかし禁止された途端、やたらに食べたくなります。そして我慢の限界がきて一気に食べてしまう……。これがリバウンドを起こす最大の原因なのです。これらは絶対食べちゃダメと言われると、禁止されたものがより魅力的に思え、余計に食べたくなってしまう。

こういったことをカリギュラ効果と言います。

「これは絶対に見ないでね！」もしくは「誰にも言わないでね！」と言われると逆に見たくなったり、言いたくて仕方なくなったりするのも同様な心理が働いています。

映画で「15歳未満禁止」というものがあります。たとえ興味がなかった映画でも、《15歳未満禁止だって？　いったいどんな映画なんだろう？》と思わず興味を持ってしまいます。

さてカリギュラ効果を営業活動に応用してみましょう。

先日、会員限定の会に紹介で参加させてもらったことがあります。《会員限定って、いったいどんなことをしているのだろう》興味半分、恐怖心半分で参加しました。

実際、その会はただの異業種交流会だったのですが、「会員以外の方はお断り」というのがその会を非常に魅力的に感じさせたのです。

「○○以外の方はお断り」

このように**禁止されると普通のことでもより魅力を感じてしまう**ものだと実感しました。

私が研修させて頂いた工務店では限定の現場見学会を開催しており、次のようにお客様と時間を限定して、それ以外のお客様を禁止します。

「10時〜15時まで、高崎市以外の方は見学できません」

選ばれたお客様はもちろんのこと、それ以外のお客様からも問い合わせが多くあるというのです。

これは見学会だけでなく、どんなことにも応用可能です。

例えば売れている商品はカリギュラ効果を上手に活用しています。

有名な化粧品で「無料サンプルを請求した方にしかお売りできません」というものがあります。無料サンプルを使って頂き、ご納得して頂いた方にしかお売りしませんというスタイルがうけています。京都の祇園の「いちげんさん、お断り」のような感じがより商品の価値を増しているのです。

また資料請求のレターを作る際、**「誰でも、どんな人でも大丈夫です」と言うより「○○人だけ」もしくは「○○の方にはお渡しできません」と禁止してみるのも1つの手です。**

これで、今まで反応のなかったお客様から声をかけてもらったという例を、たくさん知っています。

すべての人をターゲットにするのではなく、ある基準で禁止してみてください。禁止して間口を狭くした途端、反応が良くなることもあります。

□ 禁止されるから魅力的に感じる

18 マニアなお客様を刺激する「スノッブ効果」

explanation

スノッブ効果とは、他者と同調したくないという心理作用が働き、あえて他人が所有しないものをほしがったり、他人とは別の行動をしたりすることを言います。

もともとは、誰もが簡単に入手できるようになると需要が減る消費現象のことを指しています。

反対語はバンドワゴン効果（14項参照）です。


友人と街を歩いていた時のことです。彼は紺色に黄色のマークのシャツを着ていました。目的地に着くまでの間になんと全く同じデザインのシャツの人と2人もすれ違ったのです。彼はボソッとこう言いました。

「このシャツは部屋着にしよう……」

私にも経験がありますが、同じデザインの服を着ている人が増えると抵抗感を覚えます。たとえ気に入っていたものでさえ、なんだか嫌になるのです。こういったこともスノッブ効果が働いていると言えます。

スノッブ効果はさまざまなところで購買心理を刺激します。

車を買い替えようと思った時のことです。《車高が高い車の方が運転しやすいからなぁ》と思い、RV車を中心に下見でいろいろなお店を回っていました。その中でいろいろな営業マンと話したりしましたが、とくに車も営業マンも印象には残りませんでした。

3～4軒回った時でしょうか。1人の営業マンが近づいてきてこう私に言いました。

営業マン「この車の色は県内にも数台しかない珍しいものなんですよ」

私「確かにこの色は見たことがありませんね」

営業マン「ところで洗車はよくされる方ですか？」

私「いいえ」

営業マン「この色は一番汚れが目立たない色なんです」

私は汚れが目立たないということと、何より県内に何台もないということに魅かれました。そしてこの車を購入したのです。

《他のみんなと同じ方がいい》というお客様もいれば《ちょっと変わったものがいい》というお客様もいます。私自身はそんなに変わったものが好きなわけではありませんが、手に入らない珍しい色ということに思わずに反応してしまったのです。

会社には人気商品と不人気商品があるでしょう。人によっては人気商品よりも珍しい不人気商品を気に入ることもあるのです。

以前、新商品が出た時のことです。それは平屋で2階の屋根裏が活用できるタイプでした。とにかく形がカッコ悪く見栄えがしません。

「これは売れそうもない」

「今まで一番センスが悪いんじゃないか?」

とみんなの評判も良くありません。さらに値段を聞いてびっくり。普通の2階のタイプの建物より高かったのです。

「この外観で高くっちゃ、誰も見向きもしないよ」

私も含め、説明を聞いた仲間はそう思いました。自分が気に入らない商品はお客様にすすめることはありません。

「まあこういうのもあるんです」

この程度しかお客様には説明しませんでした。

そんなある日のことです。商談しているお客様の1人がその評判の悪い建物を真剣に検討しだしたのです。結局のところ、契約にはなりませんでしたが私の考え方は変わりました。

《自分が嫌いでもお客様によっては好きな方もいる》

考え方が変わり、その商品も平等にすすめるようになったとたん、2棟続けてその建物が契約となりました。

《こんなカッコ悪い商品は誰も契約するわけがない》というのは私の思い込みにすぎなかったのです。**《このお客様は反応がいまいちだなぁ》と思った時は、マニアックな商品も紹介してみてください。**

意外な商品に食いついてくることもありますよ。

□ 不人気商品を気に入るお客様もいる

19 お客様の期待度を高める「ラベリング効果」

explanation

ラベリング効果とは、ある人や事柄のごく一部を見ただけで、そのごく一部分が表現されるような名称を与え、それがその人や事柄のすべてであると決め付けることを言います。
良くラベリングされれば問題ありませんが、悪くラベリングされると正当に評価してもらうのは非常に困難になります。

中学校2年生の時の話です。クラス替えをした次の日に遅刻してきた友人がいました。初日の遅刻は印象に残ります。彼はそれから「遅刻王」というラベルを貼られたのです。彼自身は今までそんなに遅刻するタイプではありませんでした。ただはじめての日に遅刻したことで《よく遅刻をして、だらしがない奴だ》という印象を持たれてしまったのです。

ラベリングされた人は、そのラベルの行動を強化していく傾向があります。3カ月もしないうちに本当に「遅刻王」になってしまったのです。

このようなことは会社や家庭でも同じように行われています。

その人のマイナスの部分、できない部分だけを見て「駄目な人、デキない人」と決め付けてしまうことはないでしょうか？ 周りがそう評価することにより、本人はますます自信をなくし、本当はデキる人なのにデキない人になるということも起こるのです。

こういったことをラベリング効果と言います。

このラベリング効果を営業活動に有効に利用してみましょう。

あるお客様と商談していた時のことです。一所懸命考えた提案書をプレゼンしました。

私「こちらが先日お聞きしたものを形にしたものです」

と言って用意していた提案書を広げました。

お客様「なるほど」

お客様は真剣に検討してくれています。提案書の説明をしている時に、フッと隣に置いてあるライバル会社の資料が目に入りました。

私「そちらの資料はなんでしょうか？」

お客様「ああこれは、〇〇ホームさんのなんですよ」

中身までは見せてもらいませんでしたが、その提案書は豪華でした。キチッとした表紙が付いており、1冊の本のようになっています。外から見ただけでも、いかにも立派でいい提案が入っているように感じました。

それに対して私の提案書はというと、数枚の資料をペラペラの表紙にホチキスでとめただけです。いかにもお粗末です。

《このままでは、中身までお粗末と思われてしまう》

そう思った私はお客様にこう言いました。

私「今日見て頂いているのはたたき台ですから、来週正式なものを出します」

会社に帰った私は何かいいものはないかと探し回りました。そんな時あるものが目に入りました。以前、資料を管理するのに使うかもしれないということで、100円ショップでA3のクリアファイルを買っておいたのです。私はさっそくそのファイルに資料を入れてみました。するとどうでしょう？

我ながらすごく豪華でいい提案書に変身したように思えました。お客様に提出する前に気合が入ったものです。

その後、このお客様との商談はうまくいき、無事に契約まで進めることができました。

《提案は中身が勝負、入れ物にこだわってもしょうがない》そう思っている方もいるかもしれません。しかし、**お客様が《たいした提案じゃないだろう》と思って見るのと、《これはきっとすごい提案があるぞ》と思われるのでは、天と地ほど結果は違ってくる**のです。

お客様への提案書の中身を真剣に考えることは当然です。その上で見た目にも工夫してください。ほんの一手間かけるだけで相手にはいいものだと思ってもらえます。ラベリング効果はお客様にいい印象を与え、その上自分自身もテンションが上がり、双方にいい効果があります。

□ 中身だけでなく外見も工夫する

20 定番を利用する「アフォーダンス理論」

explanation

アフォーダンス理論とは、環境が動物に対して与える意味のことです。物体の持つ属性（形、色、材質など）が、物体自身をどう取り扱ったらいいかについてのメッセージをユーザに対して発している、とする考えのことを言います。簡単に言えば見た目で「○○と言えばこういうこと」と思わせることです。

世の中には「○○と言えばこういうこと」というものがあります。例えばホームページやブログには「詳しくはこちらへ」といったような他のページへのリンクが貼られていることがあります。

その文字のほとんどは青字です。これが赤や黄色の文字ではクリックされる確率は一気に下がります。誰が決めたのかはわかりませんが、**青字を見るとリンクが貼られているとすぐにわかるのです。**

これはパソコン上だけの話ではありません。リアルの話でも同じことが言えます。町で赤い提灯が下がっている店を見かけると《あそこに飲み屋があるんだな》とすぐにわかります。これが青い提灯だったり、黒い提灯だったら気持ち悪く感じます。やはり**定番の色**があるのです。

これはいい意味でのアフォーダンス理論と言えます。

アフォーダンス理論はマイナスの効果もあります。

あなたの家に届くダイレクトメールを見てください。そのほとんどが、宛名は印刷もしくはタックシールになっているでしょう。印刷された宛名を見て《あぁ、また役に立たないチラシが入ってるんだな》と判断するのです。

また家にかかってくる電話もそうです。「０１２０」で表示される電話番号を見ると《これは何かのキャッチセールスだろう》と思い電話を取りません。

こういったこともアフォーダンス理論と言えます。

それではアフォーダンス理論を営業活動に応用してみましょう。
ある通信講座の会員さんとお話ししていた時のことです。内容はお客様から資料請求を頂くためのレスポンスレターのことに関してです。
会員「今はＦＡＸで送ってくる方はほとんどいないから、レスポンスレターの申し込み欄をカットしました」
私「私は残した方がいいと思いますが」
会員「会社ならともかく個人ではあまりＦＡＸを使っていません。実際のところ、ＦＡＸよりも圧倒的にメールやＳＮＳの方が多いですから」
私「そうですが」
会員「申し込み欄を削除する分、そのカタログの長所を表記します」
私自身は申込欄を残した方がいいと思ったのですが、会員さんの強い意見もあり、言う通りにやって頂きました。
その２ヶ月後のことです。会員さんが照れくさそうにこう報告してくれました。
会員「実を言うとレスポンスレターの申し込み欄を復活させましてね」
私「どうしてですか？」

会員「いやぁ、申し込み欄をなくしたら、どういうわけか反応がなくなっちゃって。やっぱり元の形に戻しましたよ」

この話を聞いて、他の会員さんの資料請求型のレスポンスレターをすべてチェックしてみました。するとどうでしょう？ 反応のいいレスポンスレターにはすべて申し込み欄が設けてあることに気付きました。私自身が使っていたレスポンスレターにもすべて申込欄が付いていたのです。

実際のところ、お客様はＦＡＸで資料請求してくるわけではありません。しかし、**申込欄が付いているレスポンスレターを見た瞬間《これはカタログを請求するものだ》と認識できます。**だから反応がいいのです。

一方、申込欄がないレスポンスレターは、ある程度のところまで読まないと、資料請求のものかどうかがわかりません。家に届く手紙をじっくり最後まで読み込むお客様は少ないので、反応率が下がります。ＦＡＸの申込欄は必要ないように思えますが、重要な役割を果たしているのです。

□ 意外なものが重要な役割を果たしている

Chapter 4

商談・セールストーク 編

この一言で運命が決まる

21 商談を有利に進めるための「寛大効果」

explanation

人が他者を認知・評価する際に生じやすい歪みを寛大評価と言います。

これは、他者の望ましい側面がより強調され、望ましくない側面は控えめになることです。

つまり、実際の評価より好意的に評価されやすいという心理のことを言います。


仕事でミスをしたとします。ある人はこっぴどく怒られ、ある人は寛大な対応でそれほどお咎めを受けません。そういったことを経験したことがないでしょうか？

いわゆる「えこひいき」です。

これは普段からの行動、態度によって変わってきます。日頃から素行が悪ければミスをした時にダイレクトで怒られます。しかし、日頃から仕事をきちんとこなし周りの人に親切にしていれば、同じミスをしたとしても寛大な処置をしてくれるものです。

《彼がミスしたんだからしょうがない》

そう思ってもらえるようになれば、会社での評価は自然に上がっていきます。こういったことを寛大効果と言います。

寛大効果はお客様に対しても同様のことが起こります。

例えばですが、ある営業マンがした説明に対しては疑心暗鬼になります。

《この人は私たちを騙そうとしているのでは……》

こう思われていたのでは、商談はうまく進みません。説明すればするほど疑われます。

逆に完全に営業マンのことを信用していたらどうでしょう？

《この人が言うことなら安心だわ》

こう思われれば非常に楽に商談を進められます。

以前、私はその両方を体験したことがあります。細かいお客様と商談していた時のことです。どういうわけか、お客様は私のことをことあるごとに疑ってきます。

お客様「本当にこれ以上かからないのでしょうね？」
私「はい、追加や変更がない限りありません」
お客様「でも後から税金とか市に支払うものがあるんでしょ」
私「そういった諸経費も概算で計算しておりますから」
お客様「そう言われてもねぇ」
お金のことだけでなく商品に対しても疑問を持っているようでした。
このお客様は私の上司である所長と深い関係の人です。困った私は所長に頼んで同行してもらいました。所長はお客様に対して私のことをこう褒めてくれました。
所長「ここにいる菊原は私の部下の中でも一番信頼できますからご安心ください」
お客様「そうですか。それは安心ですね」
これ以降お客様の態度はコロッと変わりました。その後、正式な見積りを提示しましたが、以前のように疑ったりしません。
私「しっかりと計算しましたから、この金額で間違いありません」
お客様「そうですか。わかりました」
何の疑問も持たずあっさり了承してくれるようになったのです。これは信頼関係ができている所長からのお墨付きをもらったことで、寛大効果が働いたのです。

住宅の例ですが、間取り図を出す時も応用できます。ただ単に「先週お聞きした要望を図面にしました」と言うのでは弱いのです。「先週お聞きした要望ですが、一級建築士と2日間相談して図面にしました」こう付け加えるだけでお客様の反応は変わります。《一級建築士の人と相談して作ったのだから、いいものだろう》といいイメージで見てくれるのです。01項でお話しした【ハロー効果】と同じような効果が得られます。

お客様と商談している時、友好的に見てもらっていれば問題ありません。少しぐらいのミスは寛大に対応してくれます。しかし、友好的でない場合はそのまま商談を進めても、まずいい方向へは進みません。そんな時は、自分だけでなく第三者の力を借りるというのも1つの手です。

《どうも自分だけでは信用されていない》と思った時には、上司や資格を持っている人から力を借りましょう。

□影響力のある一言で状況が変わる

22 悩みを解決へと導く「カタルシス効果」

explanation

心の内にあるさまざまな不安やイライラ、苦悩や怒りなどの感情を言葉にして表現すると、その苦痛が解消され、安堵感や安定感を得ることができます。これを精神分析の用語では、カタルシス効果と呼び、「心の浄化作用」とも表現されます。

以前、知り合いのカウンセラーの方に診て頂いたことがあります。カウンセリングを受ける前は、カウンセリングとは私の話を聞いて何かアドバイスしてくれるものだと思っていました。しかし実際のところ何か具体的にアドバイスしてくれるわけではありません。カウンセラーがただひたすら私の話を聞くだけでした。

「はい」、「なるほど」、「それで？」……などの相槌しか打たなかったのです。にもかかわらずスッキリした気分になり、なぜか安心した気持ちになりました。結果的には自分で《こうした方がいい》という結論に至ったのです。

人は、ストレスや悩みを発散できずにため込んでしまうと、不安やノイローゼなどの心理現象の問題が表れると考えられています。**ストレスや不安などの鬱積したものを吐き出すと、安定感を得ることができます。**こういったことをカタルシス効果と言います。

これは営業マンとお客様との関係と似ています。

お客様から悩みをキチンと聞けていないと決して契約には至りません。お客様の悩みを解決しないまま強引に進めようとして商談を潰してしまった、というような経験をした人もいるでしょう。

あるお客様と商談していた時のことです。二世帯住宅の話だったのですが、3回商談したところで行き詰まりました。

お客様「私は話を進めていいと思うのですが、妻がねぇ」

私「奥様はどのあたりで悩んでいるのでしょうか？」

奥様「今すぐ、はじめなくてもいいような気がして」
私「先延ばしにしてもいいことはありません。今でしたら金利も安いですし、ローン減税の制度もあります」
奥様「それはわかっていますが……」
私「ソーラーの補助金も今なら大丈夫ですから前向きに検討しましょう！」
奥様「……はい」
この案件はご主人の実家のご両親との二世帯のケースだったのですが、二世帯の場合はいろいろと問題が起こることが多いのです。しかし、このお客様は話し合いで解決していると思っていたこともあり、奥様が迷っていることも知っていましたが、強引に話を進めようとしました。私も他にお客様もいなくて必死でしたから。
数日後のこと、ご主人だけが来店しました。
ご主人「家作りは少し延期しようと思いまして」
私「えっ、どうしてでしょうか？」
ご主人「妻が体調を崩しましてね」
私「そうですか。お大事にしてください」

ご主人「またこちらから連絡します」
私「わかりました。ご連絡お待ちしております」
その後、このお客様から連絡が来ることはありませんでした。そしてその半年後に他のメーカーさんで建築したのです。その当時はどうしてウソをつかれ、断られたのか理解できませんでした。しかし、今から振り返ってみればよくわかります。私は奥様の悩みを聞かずに強引に進めようとしたのですから。断られても当然です。もしあの時奥様の悩みをよく聞いてガス抜きしていればどうなったでしょうか？　強引に進めるよりはよっぽどいい結果になったでしょう。

お客様の悩みはまず聞くことが大切です。解決できるかどうかが問題ではなく、悩みを話してもらうことが大切なのです。人は話しているうちにストレスも解消され、不安が消えることもあります。また話すことで考えがまとまり、自ら答えを出すことも多いのです。
お客様の悩み、不満、ニーズ、潜在ニーズ……これらが聞けていない商談は勝率が限りなく低くなります。お客様の心の声を積極的に聞きましょう。

□ 人は悩みを話すことでスッキリする

23 堂々巡りにさせないための「シャルパンティエ効果」

explanation

同じ重さのものでも、イメージによって軽い・重いという判断が変わってしまう心理現象を「シャルパンティエ効果」と言います。

商品の大きさを表現する時にタバコと並べてみたり、広さを表現する時に東京ドーム何個分という言い方をすることで、相手にイメージしやすくしてもらうという効果もあります。


問題です。5キロの漬け物石と5キロの羽毛布団では、どちらの方が軽く感じるでしょうか？ 実際のところ同じ重量ですが、なんだが羽毛布団の方が軽いような感じがします。ものにはイメージがあり、それがそのような錯覚を起こさせるのです。

よく食品や飲み物で「レモン○○個分のビタミンCが入っています」というものを見か

けると思います。一般的にレモンはビタミン豊富のイメージがあります。しかし実際のところレモン1個のビタミンCは約20ミリグラムです。ですから、レモン50個でやっと1グラム（1000ミリグラム）にしかならないのです。

例えばビタミンCが200ミリグラム入っている清涼飲料水があったとします。

「なんとビタミンCを200ミリグラム配合！」

と表記されていても消費者にはどうすごいのかわかりません。**難解な数字だけの表記ではごく一部の関係者にしか伝わりません。**ではこのようにレモンで換算したらどうでしょう？

「レモン10個分のビタミンCが入っています！」

この方が圧倒的に体に良さそうなイメージになるのです。こういったことをシャルパンティエ効果と言います。

シャルパンティエ効果を営業活動に応用してみましょう。

営業の経験年数が長くなり同じ業界にどっぷり浸かってしまうと、一般の人の感覚を失います。思わず「昨年は出荷数10万個を達成したんです！」と説明してしまいがちになります。これではお客様はどうすごいのかわかりません。
この場合は「商品を横に並べますと北海道から沖縄までになるんです」と言った方がすごいというイメージがお客様に伝わります。

それではシャルパンティエ効果を商談の場面に応用してみましょう。
以前、お客様と商談をしていた時のことです。私は鉄骨の住宅を販売していたのですが、そのお客様は錆《さび》について心配していました。
お客様「鉄骨は錆が心配でしょう?」
私「当社の建物は強靭な塗装をしておりますから問題ありません」
お客様「う〜ん、そう言われてもねぇ」
私「○ミリ以上の電着塗装をしておりまして、錆の心配はありません」
お客様「はあ……」
資料などを使って必死に説明したのですが、お客様は納得してくれない様子です。結局、商談はいい方向へ進まず他社に契約を取られ、《錆の問題についてお客様に理解してもらうことは難しいなぁ》と感じました。

後日のことです。他のお客様との商談していました。やはり同じように鉄骨の錆について心配しています。

私「鉄骨が傷付くこともありませんし、錆びることもありません」

お客様「傷が付かなければ錆ないことはわかりますが、どうしても心配です」

その時、私はこう説明しました。

私「この柱と床は車の下回り部分の2倍の厚みで塗装しております」

お客様「車の下回りは石などがぶつかって傷付きやすい部分ですよね」

私「はい。その2倍の厚みですから心配ありません」

お客様「それを聞いて安心しました」

お客様は納得され、その後話が順調に進んだのです。いくら正しくても技術的な説明はお客様にはなかなか伝わりません。「〇〇ミリ以上」だとか「電着塗装」では、どうすごいのかわからないのです。

そうではなく身近に感じられるもの、もしくは体感できるものと比較しましょう。そうすることで、お客様に何倍も伝わるようになります。

□お客様がイメージできるもので比較する

24 商談を脱線させないための「プリフレーム」

explanation

プリフレームとは前もって枠を示すことを言います。

商談や接客の前に、これから話す内容の意味を明確に伝えておくことで、相手により話が伝わるようになることです。

話がそれたり脱線したりすることを防ぐ効果もあります。


散らかっていた部屋を片付けていた時のことです。積み上がった書類を1つひとつチェックして、必要なのか？ 処分するのかを判断していきます。そうしているうちに、思わず読みふけってしまうほど面白いものもあります。

《なんでこんな面白いものを忘れていたのだろう》と、時間が過ぎるのを忘れてしまいます。結局、部屋の片付けが10％も達成しないまま、終わってしまった。あなたにもこういった経験がないでしょうか？

これは前もってフレームを考えなかったために起こったことです。

例えば「30分間は書類を捨てるだけに集中し、その後30分で部屋を整理する」と前もって決めていれば、面白い記事に気を取られることはありません。

人と話をする時も同じようなことが起こります。

以前友人に「相談したいことがある」と呼び出されたことがあります。居酒屋だったため、まずは乾杯のビールからスタートします。はじめは相談に乗っていたのですが、すぐに話はそれます。気付いた時にはお互い酔っぱらい、好き勝手な話をしていました。

《結局、昨日の相談はなんだったのだろう？》という疑問だけが残ったのです。

やはり「30分間は飲むのは控えて、相談に乗る」と前もって決めておけば、お互い無駄な時間を過ごすこともなかったでしょう。

プリフレームはお客様との商談時に効果的な方法です。

シンプルに言えば、商談前に今日の予定を話すということです。これは営業マンがやっていそうで、やっていないことです。

私がダメ営業マン時代のことです。お客様によっては長く商談できることもありました。午後一からはじまり夕方まで、4時間以上も商談していた時もあります。

《4時間も商談すればかなり話が進むだろう》と思うかもしれません。しかし話が右に左にそれ、結局何も進まなかったことも多かったのです。話がそれるのも無理もありません。お客様のほとんどは、はじめて家を建てる人です。夢ばかり膨らんで全く現実的な話をしないお客様も少なくありません。

ですから営業マンサイドで商談をリードしないとすぐに話が脱線してしまいます。ダメ営業マン時代の私は商談時間は長かったものの、契約数は非常に少なかったのです。

成績も上がり、お客様が増えた時のことです。1人のお客様に時間的に半日費やすということができなくなりました。私はお客様と、まず時間と今日の大枠を決めてから商談をスタートするようにしました。例えばこのような感じです。

私「今日ははじめの10分間で間取りの説明をさせて頂きます」

お客様「はい」

私「その後20分間修正点を話し合い、残り30分で建物を見学しながらご説明します」

このようにだいたいのスケジュールを前もって伝えました。それからは話が脱線して時間の割には進まない、ということがなくなったのです。

家作りに限らず、購入前は夢が膨らむ傾向にあります。次から次へと興味が湧くのも自然なことです。ですから成り行きに任せていたのでは、商談はうまく進みません。お客様にとっても営業マンにとっても、お互いに無駄な時間を過ごすことになってしまいます。今日の商談の目的、そして自分自身が何をするのがわからなければ、お客様とともに路頭に迷う結果になるのです。

まずはお客様に会う前に《今日の商談の目的は？》と自問しましょう。そうすることで目的がはっきりします。その上でお客様に今日のスケジュールをお話しください。

自分の頭の中とスケジュールを整理してから商談に臨むことで、濃い商談ができるようになります。

□ **商談時はお客様を正しい方向へ導く**

25 膠着状態から抜け出すための「ピアプレッシャー」

explanation

ピアプレッシャーとは直訳すれば、仲間からの圧力を意味します。自らの所属する集団から被る、またはその所属集団の多数が支持する意見や行動に対し、同調を迫る圧力のことを言います。

要するに、みんなと一緒にしなさいという圧力のことです。

《上司が残業をしているのに、自分だけ帰ることはできない》

そう思ったことはないでしょうか？ 外国人のビジネスマンと異なり、日本のビジネスマンは大半がこうした感情を抱く傾向があるものです。定時を過ぎても、仕事が終わったのにもかかわらず、上司が残っていて帰れない。いわゆる付き合い残業というものです。

これは深刻な問題です。それが嫌で営業職を辞する人も少なくありません。私自身もこうした経験をしてきました。

ダメ営業マン時代は商談するお客様もいないため、夜になれば仕事などありません。早く帰れるのにもかかわらず、上司より早くは帰れません。上司が残業をしているところを横目に「お先に失礼します」とは言えるわけもないのです。

堂々と帰れる成績を残しているならまだしも、何カ月も契約ゼロの状態では死んでも口に出せなかったのです。こういった心理をピアプレッシャーと言います。

ピアプレッシャーはマイナスのことだけではありません。

「自分の担当の仕事をきちんとやらないと、仲間に迷惑をかけてしまうから責任を持ってキチンとしよう」といったような考え方を自然に持つようになるというプラスの効果もあります。

ピアプレッシャーを商談の場面で応用してみましょう。

お客様と商談をしていて《なかなか話が進まないなぁ》と思ったことはないでしょうか？

何度もお客様の要望をヒアリングして提案書を出します。そこからお客様の気持ちが盛り上がらず、なかなか契約へと進まないという経験を何度となくしている人も少なくないでしょう。

あるお客様と商談していた時のことです。私の提案の合意が得られたため、概算見積りを出しました。

私「お客様がおっしゃるご予算通りに収まっております」

お客様「そうですね」

私「いかがでしょうか？」

お客様「まあ、いいとは思うんだけど……」

私「何か引っかかっている点でもありますか？」

お客様「特にありません」

ここでお客様が不満を言ってくれればまだマシです。その不満を解決すれば先に進む可能性は高くなります。しかし「特にありません」と言われてしまうと次に打つ手がありません。こうなってしまうとこの先が進めづらくなるのです。

そんな膠着《こうちゃく》状態になった時、何気なくこう聞きました。

私「最近職場やお仲間で家を建てた人はいませんか？」

お客様「いやぁ〜同期が次々に家を建てはじめてね、それに最近会社の後輩も新築に引っ越したんだよ」
私「そうですか。30代の半数以上の人が住宅を保有しようと考えていますからね」
お客様「みんな建てているし俺もそろそろなんだよねぇ」
この質問をしたことで、スムーズに話が進んだのです。私はそれ以来、迷ったお客様に対して「身の回りに家を建てた人はいませんか？」という質問をするようになりました。

お客様は商品を購入する決断をする時、少なからず迷うものです。たとえ条件に満足したからといってもすぐに決められない時もあります。ましてや営業マンからせかされて決めるものではありません。

商談が膠着状態になった時は、周りの仲間や家族でその商品を購入した人がいないか聞いてみてください。そもそものこと自体が検討するきっかけになっていることもあります。《そう言えば周りのみんなが持っているから検討しはじめたんだ》と思い出すこともあります。ピアプレッシャーを活用して膠着状態を脱するきっかけを作りましょう。

□ **お客様の背中を押す質問をする**

26 小さなことが大きな結果を生む「レバレッジ効果」

explanation

レバレッジ効果とは「テコの原理を効かせる」ということです。

他人の力を借りることで、自分の力以上の収益を上げることをレバレッジ効果と言います。

投資などで頻繁に使われる言葉ですが、経営でも営業活動でもレバレッジ効果をどう活かすかが重要な課題になっています。


レバレッジという言葉は投資やＦＸでよく使われる言葉です。

例えば10万円の元金があったとします。10倍のレバレッジをかければ１００万円（10万円×10）あるのと同じように投資をすることができます。

このようにすれば利益は10倍になります。しかし忘れてはいけないのが、損失も10倍になるということです。

投資だけではなくビジネスでも同様のことが言えます。

プラスのレバレッジがかかれば、いい評判がどんどん広がっていきます。しかしマイナスのレバレッジがかかってしまえば、悪評もどんどん広がってしまうのです。

レバレッジを営業活動に応用してみましょう。

他人の力を借りたことで、1つの小さい出来事が大きな結果につながった経験をしたことがあります。

私が営業マンとしてまだ経験が浅かった時のことです。先輩は2件のお客様がダブってしまい、てんてこ舞でした。

先輩から「悪いけど、30分ほど相手をしていてくれ」とお客様の面倒を見るようにお願いされたのです。私はつたない知識で何とか説明し、間を持たせていました。

お客様「このタイルの大きさに変更するといくらくらい金額が上がるの？」

私「そうですねぇ……チョッと調べてみます」

お客様「わからなければ別にいいよ」

私「いえ、すぐに調べます」
お世話になっている先輩のお客様です。絶対に失礼なことなどできません。私は必死に対応させて頂きました。必死に対応した姿勢が良かったのでしょうか？ そのお客様にはえらく気に入られたのです。その後も顔を会わす度に「菊原君元気にしているかい？」と声をかけて頂くようになりました。

そんなある日のことです。私は別のお客様に会社へ来て頂き、商談をしていました。このお客様は5社以上の会社と競合しており、しかもかなりの苦戦を強いられていたのです。
お客様「えぇ～これもオプションですか？」
私「はい、これはオプションになっております」
お客様「○○社は標準装備って言ってましたけど？」
私「オプションと言っても、少しの差額で付けることが可能ですから」
お客様「そういった積み重ねで高くなるのよねぇ」
私「確かにそうですが……」
お客様は私に対してあまり好意的ではなく、汗をかきながらの商談です。そこへ先ほどの先輩のお客様が偶然通りかかったのです。そして私のお客様にこう言ってくれました。

「この建物はいいですよ。それに菊原君も一所懸命だし安心ですから」

会社とは関係のない第三者からの言葉だったせいか、私のお客様はそれ以降好意的になってくれました。そしてそのまま話はうまく進み、めでたく契約になったのです。私は先輩のお客様に心から感謝しました。おそらくあの言葉がなければ他社で決まっていたでしょう。さらに契約を頂いたお客様から2人のお客様を紹介して頂き、そのうち1件は契約となりました。

はじめは先輩のお客様に対して精一杯接客することからはじまりました。その些細なことが苦戦していた商談を契約させ、さらにそのお客様から紹介をもらうというように広がり、大きな結果につなげてくれました。

もし《人のお客様だから》と雑に接客していたら、紹介はもちろんのこと、苦戦していたお客様とも契約になることはなかったでしょう。

些細な行動が大きな結果につながることもある、ということを忘れないでください。

□ **些細なことが大きな結果に結びつくこともある**

27 言葉を印象付ける「エコイックメモリー」

explanation

記憶には感覚記憶というものがあります。

これは数百～数秒の間だけ保持される記憶です。

この感覚記憶とは正確に言えば「受け取った刺激をそのままの形で短時間保存する」というものです。

ちなみに、聴覚情報の感覚記憶をエコイックメモリー、視覚情報の感覚記憶をアイコニックメモリーと言います。

先日友人からこのように質問されました。
友人「マダムブリュレって知っている？」
私「マッ、マダムブリュレ？」
友人「人気のスイーツだよ。そんなのも知らないの」

バームクーヘンにメープルシロップを染み込ませたものらしいのですが、スイーツに関して全く知識のない私にとってはナゾナゾのように聞こえます。

このように全く知らない謎の言葉で話しかけられた時でも、数秒以内なら、そのまま「マダムブリュレ?」と反復できます。このように数秒間、記憶されることをエコイックメモリーと言います。

今お話ししたのは言葉の例ですが、ツールなどを使い「こういったものがありまして」と視覚で伝える方法もあります。こちらも数秒間は記憶されます。こういった視覚情報を利用することをアイコニックメモリーと言います。

そしてこの後に説明を聞けば長く記憶に残りやすくなるのです。

エコイックメモリーを営業の現場で上手に活用している例を紹介します。

先日、私の通信講座を受けている会員さんで結果の出ている方とお話しした時のことです。この人はもともと接客やトークを得意としているので、他の会員さんの参考になると思い、秘訣を聞いてみました。

私「接客やトークのことでお聞きしたいのですが、お客様と出会ってすぐの時にはどのようなことに注意していますか？」
会員さん「そうですね、出会ってすぐはお互い緊張していますから、そっとアプローチする感じです。ただしっかり挨拶はしますが」
私「その後はどうでしょうか？」
会員さん「その後は警戒心を解くことだけを考えますね。菊原さんに教えてもらった通りですよ（笑）」
この会員さんはトーク設計図（前もってポイントで説明することを考えておくツール）を作っていません。しかし自然にやるべきことをやっていたのです。
その後も話を聞いていると、会員さんは面白いことを言いだしました。
会員さん「時どきですが、あえて難しい言葉で説明します」
私「えっ！　難しい言葉ですか？」
会員さん「例えばこんな感じです。『エスポストG方式が肝でしてね』などと唐突に話します」
私「エスポストG方式……？」
会員さん「そう、今みたいに全くわからないことはお客様も聞き返してくるんです」

私「なるほど」

会員さん「お客様が聞き返してきてから、詳しい話をします」

一般的に売れる営業マンは難しいことをわかりやすく説明します。今までお会いしてきたほとんどのトップ営業マンがそうでした。しかし、この会員さんのようにあえて難しい言葉で説明するパターンもあるということに驚きました。

会員さんはさらにこうも言っていました。

「説明がわかりやすすぎても印象に残りません。ということもあり、ポイントであえて難しく説明します」

確かにその通りだと思いました。

ただ忘れてならないのは、難しい説明に入る前にしっかりと警戒心を解くステップを踏んでいるということです。だからこそ難しい言葉に対してお客様から質問があるのです。

《どうも接客やトークにパンチが足りないなぁ》と感じる人はぜひ参考にしてみてください。

□ **時には難解な言葉を使ってみる**

Chapter 5

クロージング 編

最後まで手を抜くな！

28 お客様を気持ち良く契約へ向かわす「ハード・トゥ・ゲット・テクニック」

explanation

ほめることで「喜び」の感情をもたらし、その結果、好意的行動を誘発することが可能になります。

こういう人間の心理を応用して、相手を特別視していると思わせ、好意や信頼を獲得する方法をハード・トゥ・ゲット・テクニックと言います。

「あなただけは特別」を伝えることで、相手に信頼感を持ってもらうことです。


人は誰でも「あなただけは特別」という言葉に弱いものです。営業マンからこのように言われ《またうまいこと言って、どうせ他のお客様にも同じことを言っているんだろう》と頭ではわかっていても嬉しくなってしまいます。

日常生活でも、「あなただから相談するのですが」ですとか「ここだけの話、信用できる君だから話をするんだけど」という会話が使われます。

これによって何か特別な関係が芽生えてしまったように錯覚し、相手に対して好意や信頼を寄せてしまうことがあります。こういったことをハード・トゥ・ゲット・テクニックと言います。


それではハード・トゥ・ゲット・テクニックをクロージングの場面で応用してみましょう。

クロージングに際しては、たとえ普通の条件しか提示できない時であっても「今回は特別」と言ってみると効果的です。あなたが何かを買う立場だとして、営業マンからこう言われたらどうでしょうか？

営業「こちらが見積書です。これで検討してください」

これでは何の特別感もありません。

《せっかくだから、もう2～3社検討するか》となるでしょう。ではこのように言われたらどう思うでしょうか？

営業「こちらが見積書です。○○さんだけ特別価格にさせて頂きました」

こう言われると特別扱いされた気がします。もちろんその営業マンの人柄という要素もありますが、私はこう言われるといい気分になってしまいます。

お客様は購入の直前で迷います。**《せっかく契約するのなら自分だけはいい条件で》と思うお客様は多くいます。**なんだかんだ言ってもお客様は特別扱いされたいものなのです。

いい関係ができているお客様から息子夫婦を紹介してもらった時のことです。競合もなく、商談は和やかに進んでいました。《これは簡単に決まるぞ》と思っていたのですが、クロージング段階になってから滞ってしまいました。

私「これから先の細かい話は契約後になりますので、話を進めてもよろしいでしょうか?」

お客様「う～ん、ちょっと待ってほしいのですが」

私「何か納得されないことでもありますか?」

お客様「そういうわけじゃないのですが……」

お客様は何か言いたそうですが、ハッキリわかりません。

私「お父さんの家を建てた時の条件と一緒ですし、予算的にも収まっています」

お客様「それはわかっているのですが……」

私「不満な点などありましたら、遠慮しないで言ってください」
お客様「特に不満はないのですが、例えば車だったら最後に『じゃあガソリン満タンで』とお願いできるじゃないですか」
私「はい」
お客様「家じゃそういうのってないんですかね」
私は少し考えてこう提案しました。
私「それでは迷われていたオプションを1つサービスします」
お客様「いいんですか？」
私「これは特別ですから、お父さんには内緒にしてください」
お客様「もちろんです。ありがとうございます」
この後、気持ち良く契約してもらえました。
誰でも、《自分だけは特別な条件で契約したい》という気持ちがあります。それがたとえ親兄弟だとしても、同じです。見積りを出す時に「お客様だけ特別に」と言いながら出してみてください。これだけでもいい結果につながります。

☐ **誰でも特別扱いされたいと思っている**

29 交渉を有利に進める「フット・イン・ザ・ドア・テクニック」

explanation

フット・イン・ザ・ドア・テクニックとは、はじめに小さな依頼を受け入れてもらい、次に本当に頼みたいことを受け入れやすくするテクニックのことです。OKしやすいことからはじめて、そのOKしてもらった内容をどんどん大きくしていきながら承諾を得る方法です。

街を歩いていた時のことです。店頭に立っている若い女性からこう声をかけられました。「健康ドリンクの新商品の試飲をしていますから、どうぞ」思わず手に取った私は、サンプルをもらい飲みました。飲み終わった後に「簡単なアンケートをお願いします」とアンケートを頼まれたため、気軽に引き受け答えました。

アンケートを書き、店員さんと話しているうちに「今ならお試し価格でご購入頂けます」と言われ、結局10本ほど購入することになったのです。

また服屋の前をウロウロしている時のことです。

「どうぞ、ちょっと試しに着てみてください」

と言われて何着か試着していると、《なんだか買わないと悪いのでは》という気になりました。結局、必要なかったものまで買ってしまった……。そのような経験を誰しも一度はしたことがあるのではないでしょうか？

この心理を応用した説得の方法をフット・イン・ザ・ドア・テクニックと言います。これはセールスマンが、片足を入れてドアが閉まらないようにしてしまえば、もう売ったも同然だというところからきているものです。まずは**ハードルの低い要件をお願いして、徐々にハードルを上げ購入へと誘い込むという方法**です。

それではフット・イン・ザ・ドア・テクニックをクロージングに応用してみましょう。失敗例と成功例の2つの例をお話しします。

まずは失敗例からお話しします。

あるお客様と商談していた時のことです。最終見積書を出しクロージングをしました。
私「これから先の細かい話は契約後になります。先に進めてもいいですか？」
お客様「そうですね。提案には満足しています」
私「それでは契約の手続きに進みたいと思いますが、まず契約金が……」
お客様「ちょっと待って頂けますか？」
私「どうかされましたか？」
お客様「契約の手続きは少し待ってください」
「契約金」という言葉に抵抗感を覚えたのでしょうか？　それとも進め方が唐突すぎたのか？　お客様はその直後から、身構えてしまったのです。その後、だいぶ時間をかけ、苦労したのちに無事に契約を頂きました。契約してもらったから良かったものの、一歩間違えれば潰していたところでした。このお客様はもともと慎重派です。もう少しデリケートに進めれば良かったと深く反省しました。

それでは次に成功した事例をお話しします。
やはり慎重派のお客様に対してクロージングのチャンスが巡ってきました。

私「これから先の細かい話は契約の後になります。先に進めてもいいですか？」
お客様「そうですね」
ここで前回のミスを繰り返さないようにと、このように言いました。
私「大きめのハンコはお持ちですか？」
お客様「実印は普通のハンコより少し大きめですが」
私「それは良かったです。契約書の割印が押しやすいんです」
お客様「そうですか。では実印を持ってきますね」
いきなり「契約の手続き」というのではなく、徐々に進めました。「大きめのハンコはありますか？」というような**比較的抵抗のないことからお話し、最後に契約の手続きや契約金のお話をしました。**その結果、細かいお客様にもかかわらず全く抵抗なく契約へと進んだのです。
どんなにうまく進んでいるお客様でも、契約になると身構えるものです。クロージングが決まったからといって勇み足をしてはなりません。**最後の最後こそデリケートに進めましょう。**

□ 最後の最後で勇み足をしてはならない

30 ついつい相手が引き受けてしまう「ドア・イン・ザ・フェイス・テクニック」

explanation

フット・イン・ザ・ドア・テクニックの反対語になります。ドア・イン・ザ・フェイス・テクニックとは、はじめに本当に頼みたい事柄よりもかなり負担の大きな依頼をし、一度断られてから本当に頼みたいことを伝えるテクニックのことを言います。

ドア・イン・ザ・フェイス・テクニックと聞き慣れない言葉を聞くと、難しく感じる人もいるかもしれません。実は、日常生活の中でも頻繁に使われているテクニックなんです。はじめに拒否するような負担の大きな要請をし、一度断らせます。その後、それよりも負担の小さい要請をすると、それが受け入れられやすくなるというものです。

例えばですが、学生時代を思い出してください。両親にお小遣いをねだる時にこのように言った経験はありませんか？
子ども「勉強頑張るからお小遣いを5000円ちょうだい」
親「そんなのダメよ」
子ども「じゃあ、2000円でいいから、お願い！」
親「しょうがないわねぇ」
最初の5000円の要請は見せ球であって、本当の要求は後から出した2000円だったのです。

私の上司にドア・イン・ザ・フェイス・テクニックを上手に活用している人がいました。その上司はまずかなりの無理を言ってきます。
上司「3日以内にこのリストのすべてのお客様に訪問して告知してこい！」
部下「3日以内なんて絶対に無理ですよ！」
どう考えても無理な命令ですから、部下からは当然反発されます。そこへ「じゃあ、電話や手紙も使っていいぞ」と譲歩した提案をしてくれます。私たちは快く命令に従ったものです。なぜこうなるかというと、**譲歩の返報性の原理が働くためです。**《相手が一歩譲ってくれたのだから、こっちも一歩譲らないと……》と思ってしまうものなのです。

ドア・イン・ザ・フェイス・テクニックをクロージングでうまく活用している一例をご紹介します。

私の先輩で契約金を多くもらう人がいました。一般的に家、車、保険など高額商品はその場で全額もらうことはほぼありません。総額の一部を契約金としてもらい、契約するのが通常です。

家の例ですが、その先輩は一般の営業マンが100万円前後にもかかわらず300〜500万円もらっていました。

一方、ダメ営業マン時代の私はというと、ほとんどもらえません。ひどい時は契約金が5〜10万円です。これでは申込金程度にしかお客様は思いません。契約した後も《他社にひっくり返されるのでは……》といつも不安でした。

ある時、私は先輩に契約金をもらう秘訣を聞いたことがあります。

私「どうしたら300万円も契約金がもらえるのですか？」

先輩「契約金は総額の3分の1と決まっているだろう？　だからそれを言うんだよ」

私「そんなに払える人いませんよね？」

先輩「だから妥協して300万円もらうんだ」

総額の3分の1と言えば700万円〜1000万円以上になります。その後、300万円と聞けば抵抗は少なくなります。先輩がたくさん契約金をもらえる理由がわかった気がしました。私ははじめから、もらえない前提で話をしていました。

「できれば100万円ほしいのですが、無理なら10万円くらいでも構いません」

これではお客様は契約金を払うはずもありません。それに対して先輩は総額の3分の1の1000万円近くをもらう気でいたのです。これが一番の違いだと痛感した私は、この言い方を参考に契約金の話をするように変えました。それからは最低でも100万円以上もらえるようになったのです。

うまくいかないことの多くが、外的要因ではなく、自分自身にあるものです。契約金に限りませんが、自分で「できない」という思い込みをするのはやめましょう。

□ 見せ球をうまく使う

31 クロージング前の不安を取り除く「マッチングリスク意識」

explanation

購入前は誰でも《購入したのに効果がなかったらどうしよう》という不安を持っています。どんな商品であっても購入前は不安なものです。
はじめて購入する商品や実際に購入して使ってみないとわからない商品は、特にその不安は大きくなります。
そのような心理をマッチングリスク意識と言います。

先日、妻と買い物に行った時のことです。数件のお店をはしごして服を選んでいます。付き合っている私は、時間が経つにつれ、疲労が溜まってきます。なかなか決めない妻に対して思わずこのように言いました。

私「もうさんざん見たのだから、これでいいだろう?」

妻「何言っているの、ちゃんと選ばないと後で後悔するんだから」

服のような日用品でさえ、購入前は迷います。《似合わなかったらどうしよう……》という不安を持つのです。こういうことをマッチングリスク意識と言います。

これは高額商品になればなるほど大きくなります。

私は11年間住宅の販売をしてきました。家を買う、ということはほとんどのお客様にとって一生に1回の大きな買い物です。また、購入してしばらく住んでみないと、本当の意味で満足するかどうかはわかりません。そういった不安の中、お客様はどこの会社で家を建てるのかを決めます。この不安の大きさは計り知れないでしょう。

この不安を上手に取り除いている例を1つお話しします。

研修やセミナーをさせて頂いている住宅会社の人とお話しした時のことです。その営業マンからこんな話を聞きました。

営業「勉強会を月に1回開催していまして」

私「月に1回ですか？　毎月お客様が集まりますか？」

営業「いやぁ～なかなか新規のお客様は集まりませんね」

私「ではどうされているのですか？」
営業「ほとんど入居客を強引に集めているという感じです」
私「それで効果はありますか？」
営業「はい、意外なことにすごく効果があるんです」
私「どのような効果でしょうか？」
営業「契約前のお客様と入居したお客様が顔を合わせますから、そこでいろいろな話をします」
私「はい」
営業「入居したお客様がそこで褒めてくれますから、それで契約は決まりです」
私「なるほど、それはいいですね」

すでに述べたように、購入前、お客様は不安を持っています。話が進めば進むほどその不安は大きくなります。《本当にこの会社と契約してもいいのだろうか？》という気持ちがどんどん大きくなるのです。そこで勉強会に参加している入居客の生の声を聞いてもらいます。
「いやぁ～、〇〇さんに任せて本当に良かったですよ」

この一言で不安が消え、一気に安心するのです。実際のところ、この勉強会で契約前のお客様と入居客が会うことで、契約数がグッと伸びたと言います。

これは住宅だけの話ではありません。考えてみれば他の商品でも同じようなことを行っています。《この商品を買って自分に合わなかったらどうしよう》と思っているお客様に対してサンプルやお試しセットを用意している会社もあります。これによって**購入前のお客様の不安を解消している**のです。営業マンがいくら力説してもお客様は信じませんし、不安は消えません。

「メンテナンスがしっかりしていますし安心です！」

「30年保証ですから」

「多くのお客様にご満足頂いております！」

などと説明するより、**すでに購入して頂いたお客様からの「ここの会社の商品はいいですよ」の一言の方が何倍も効きます。**

クロージング前はお客様の生の声で不安を取り除きましょう。

□ **お客様の生の声が安心を生み出す**

32

お客様の背中をそっと押す
「フォールス・コンセンサス」

explanation

フォールス・コンセンサスとは、多くの人が自分と同じ意見や行動をするだろうと思うことを言います。

これは、ある種人間の持つ生存本能に適したもので、自分がみんなと同じことをしているというのは、その行動はうまくいくと考えますし、それだけ安心感を得ることができます。よって、無意識に自分の行動は周りと一緒と思ってしまうということです。


このような心理実験があります。

街頭インタビューでAのお茶がおいしいのか？　それともBのお茶がおいしいのか？　を聞きます。その結果、70％の人が「Aがおいしい」と回答しました。そして残り30％の人が、「Bがおいしい」と回答したのです。その後にインタビュアーは、こう聞きます。

「では、他の人たちのうち、何％くらいがあなたと同じようにAを選んだ（または、Bを選んだ）と思いますか？」

するとAを選んだ人の75％が、「みんなも自分と同じくAを選ぶだろう」と答えました。そしてBを選んだ人の57％が、「みんなも自分と同じくBを選んだだろう」と答えたのです。

Aのお茶を選んだ人もBのお茶を選んだ人も、**自分と同じ選択をする人を、実際よりも多く見積もったのです。**

こういったことをフォールス・コンセンサスと言います。

フォールス・コンセンサスをクロージングに応用してみましょう。

クロージング前はお客様の心理が揺れ動きます。不安を取り除くためにはお客様の生の声が強力、という話を31項でしましたが、実際のお客様と会わせることができない場合もあるでしょう。そんな時は**「他のお客様が満足している例」を集めて契約前のお客様に送ります。**それを見たお客様に、他の人もこれだけ満足しているのだから安心だ、と思ってもらえる確率は高くなります。

契約前には細心の注意が必要なのですが、注意を怠った失敗例をお話しします。

あるお客様と商談していた時のことです。クロージングも決まりお客様からこんな嬉しいことを言われます。
お客様「菊原さんにお願いしようと思っているんです」
私「あ、ありがとうございます！」
久しぶりの契約です。これほど嬉しいことはありません。営業マンにとって一番の良薬は契約です。いい結果が出てきた私は仕事が一気に楽しくなったのです。接客にも意欲的になり、新規へのフォローも積極的に取り組むようになりました。いい循環がスタートしはじめた瞬間です。ただここに落とし穴があったのです。
そんなことに気付かない私は、後日気分良く契約予定のお客様のお宅へ訪問しました。
私「それでは、契約の手続きなのですが」
お客様「それがねぇ……もう1社だけ見積りを頼んでいるの」
意外な答えに私はかなり動揺しました。
私「そっ、そうですか。それで見積りはいつ出るのですか？」
お客様「今週末です」
私は週末までの数日間、このお客様へ必死に訪問したり手紙を送ったりしました。しかし結果は敗戦。後から見積りを出してくる会社の方が断然有利です。この場になって競合を入れさせてしまった私が悪かったのです。

「菊原さんにお願いしようと思っているんです」

という言葉に油断してしまいました。このお客様は大丈夫だからと思い、別の見込み客に時間を使ったのです。《なんてバカなことをしてしまった》と死ぬほど後悔したものです。

もし契約が決まりかけた翌日に【お客様が満足している声を集めた資料】を送っていたらどうだったでしょうか？

「菊原さんにお願いして本当に良かったです。高崎市○○さん」

「入居後もいつも気にかけてくれるので安心です。前橋市△△さん」

「気持ち良く家作りができました。伊勢崎市□□さん」

このような資料を送っていれば、土壇場の敗戦は防げたかもしれません。**決まる寸前が一番お客様の気持ちが動きます。**その時にフォローを手薄にせず、しっかり最後まで手を抜かないようにしましょう。

□ お客様の生の声ほど後押ししてくれるものはない

33 決断を迷っているお客様に有効な「希少性の原理」

explanation

希少性の原理とは、入手が困難なものほど、そのものをより価値あるものだとみなす性質のことを言います。
これは、私たちが経験からどのくらい手に入りにくいかを基準にして、そのものの価値を判断することからきています。

先日、電気屋さんに行った時のことです。《そろそろ新しいデジカメでもほしいな》と思いながらデジカメコーナーをうろうろしていました。いくつか手にとって見ていると1人の店員さんが近づいてきます。
店員さん「デジカメをお探しですね。どういった使い方をしますか？」

私「普通に使うだけなので特殊な機能は必要ありません」
店員さん「そうですか。それではこのあたりがおススメです」
店員さんは感じ良く説明してくれました。しかし、これという決め手がありません。一通り話を聞いて今日は帰ろうと思っていたところへ、店員さんが何気なくこう言いました。
店員さん「このデジカメですが、その色は残り少なくなっていまして」
私「そうですか」
ベタなクロージングトークだなと思いましたが、こう聞いてみました。
私「あと何台残っていますか？」
店員さん「調べてみます」
と売り場から姿を消しました。数分後店員さんが戻ってきてこう言いました。
店員さん「２台残っていますが、人気色なのでいつなくなってもおかしくない状態です」
残り２台しかない、という言葉に魅かれて購入を決めました。これも希少性の原理が働いたと言えます。

希少性の原理とは商品の数が減ることで生まれます。

「こちらは数量が限定されていまして、残り少なくなっています」

と言うだけでお客様は《決めないと損だ》という気持ちになることもあります。以前電気屋さんで「限定50個のドライヤーが残り5個！　早い者勝ちです！」という呼びかけに思わず買ってしまいました。**全く必要なかったものでさえ「残りわずか」と言われるとほしくなるものです。**

商品を購入してもらう時だけでなく、お客様に資料請求してもらう時にも希少性の原理を活用できます。ただ単に「お役に立つ資料があります」と言っても誰もほしいとは思ってくれません。そうではなく数を絞って限定するのです。例えばこんな感じになります。

「お役に立つ資料を限定で50部用意しておりましたが、残り12部となっております。ご請求はお早めに」

このように言われると、**それほど必要ない資料であっても思わず請求したくなってしまいます。**普通の資料さえ、希少性の原理で価値が上がるのです。

先日、珍しいものを鑑定するテレビ番組を見ていた時のことです。1人の男性が30年以上前のブリキのおもちゃを持ってきました。

「この状態で残っているのはもう数体しかありません。これはすごい価値ですよ！」

と盛り上がっていました。当時３００円程度のものが１００倍の30万円以上にも値段が跳ね上がったのです。このように残り少なくなったものに対しては価値が上がります。

土地の分譲でも残り少なくなると人気が一気に高まることがあります。「10区画ありましたが、残り2区画になりました」というチラシを配布したとたん、申し込みが殺到することも珍しくありません。

クロージング時は、ただ単に「決めてください」と言うのではなく、数が少なくなっていることをお客様に伝えてみてください。

「この企画商品は残り３つとなっています」

「この地域でのモニター棟はあと1枠しかありません」

こう言われることで《買わないと損する》という気持ちになります。ベタなクロージングかもしれませんが、お客様は反応してしまうこともあります。残り少なくなったことを伝えてお客様の背中を押しましょう。

□ 限数が減っていくからほしくなる

Chapter 6

リピーター 編

紹介をもらうためのコツ

34 追加契約をもらうための「テンション・リダクション」

explanation

テンション・リダクションとは緊張解除のことです。

自分にとって重要な出来事がある場合には、それを乗り越えるために身構え、緊張します。

しかし、その一連の出来事がすんでしまうと、その身構えと緊張が解けて心理的に無防備な状態になります。

こういったことをテンション・リダクションと言います。


緊張を強いられる出来事が去っていった後に、緊張から開放され気が抜けるということは自然なことです。

わかりやすい例で言えば、学生時代テスト前は必死に勉強したのに、テストが終わった途端ホッとして勉強しなくなったというようなことです。こういったことをテンション・

リダクションと言い、この瞬間は非常に要注意です。いわゆる、緊張の糸が切れた状況です。

これは社会人になってからもたびたび遭遇します。

例えば大事な会議を任され、必死に準備したとします。苦労のかいもあり、大成功。ここまではいいのですが、**緊張から開放されたことでそれまで集中していた注意力が散漫になり、つまらないミスをしてしまうこともある**のです。

せっかくの会議の功績もミスで帳消しになってしまうこともあります。「家に帰るまでが、遠足」というように最後まで気を抜かないことが大切です。

テンション・リダクションを営業のケースでお話ししてみましょう。

以前、お客様と商談していた時のことです。そのお客様はことあるごとに「絶対に2000万円を超えないように考えます」と言っていました。それはまるで自分に言い聞かせているようでした。一般的な建物を検討するお客様の多くは「予算は2000万円以内」と考えています。だからといって、1円たりともオーバーしないというお客様は珍しかったのです。

その後、そのお客様と商談を重ねて契約になり、予定通り、消費税を含めてピッタリ

2000万円で契約しました。キレイに【20、000、000円】と0が7つ並んだ契約書になったのです。

その後のことです。契約後の打合せをしている時に、奥さんが意外なことを言いだしました。

奥さん「2000万円にこだわってきたけど、せっかく建てるんだから少しぐらいオーバーしてもいいんじゃない？」

はじめはかたくなに拒否していたご主人も最後は折れます。

ご主人「そうだな。なにも数字にこだわることはない」

最終的には契約時から300万円ほど追加して、2300万円で家を建てたのです。このようなことはよく起こります。金額は異なりますが、お客様によっては追加が50万円の時もありましたし、時には予算を500万円もオーバーすることもありました。

私自身も経験したことがありますが、一度購入を決めると気が緩みます。以前旅行に行った時もそうでした。

「せっかく行くんだから少しいい料理にしよう」

「めったに行けない場所だしこのオプションを付けよう」

はじめは予算通りだったのに、気付けばかなりのオーバーです。結局高い旅行になりました。

お客様は契約まではしっかりしているのに、契約が決まってしまうとたんに気が緩む傾向にあります。ある程度はいいのですが、**行きすぎてしまった場合は歯止めをかけることも営業マンの大切な役目の1つ**です。

「この商品は高い割には効果もないですから、他のものにしましょう」

「このオプションは無駄になりますから、やめましょう」

とアドバイスしてくれる営業マンは、契約後もさらに信頼度を増します。**自分の利益だけでなくお客様のことを考えてくれるアドバイスはお客様に伝わります。**

このようなスタンスの営業マンはお客様から常に必要とされる存在となり、自然に紹介が生まれるようになるのです。

□ 契約後の気の緩みにアドバイスをする

35 価格を上げると満足度も上がる「ウェブレン効果」

explanation

ウェブレン効果とは実際の機能よりも「価格が高い」というだけで、あたかもその消費の「価値が高い」と思い込む心理作用のことです。

これはアメリカの経済学者、ソースティン・ヴェブレンの著作「有閑階級の理論」で紹介された理論で、顕示的消費つまりお金持ちの買い物は「見せびらかし」であると断じたことからきています。


テレビ番組でのできごとです。

グルメと言われる芸能人が集まり、さまざまなワインのテイスティングをします。その中には値段が違うだけで実は同じワインというものもあります。ワインの値札が変わると満足度が、どのように変わるか？という実験をしていたのです。

その結果はどうなったでしょうか? 同じワインであっても、高い値札の付いている方が断然満足度がアップするという結果が出たのです。後で種明かしをされた芸能人たちはみんな驚いていました。

このようなことをウェブレン効果と言います。

またヴェブレン効果は、見せびらかしたいという人間が持つ見栄心を刺激するものでもあります。

人は他の人よりちょっといいものを持ちたいという欲求があるものです。しかし、これは見栄だけではなく安心感にもつながります。あまりにも安すぎる商品は不安になります。逆に値段が高ければ品質が確かという安心感をもたらす場合もあるのです。

以前、コンサルタントの先輩からこんな話を聞きました。

先輩「先日5000円のセミナーをしたんだけどクレームが多くてね」

私「5000円なのにですか?」

先輩「以前、同じ内容で3万円のセミナーをやったんだけど、その時は全くクレームはなかったし満足度も高かったんだ」

私「同じ内容ですか？」

先輩「そうなんだ。同じ内容でも金額が高い方が満足するということもあるんだよ」

セミナーなどの形にないものは高い方が満足する傾向にあります。値段が高い分、お客様は《これだけ払ったのだから絶対にもとを取るぞ》と真剣になります。ですから自然に満足度が上がります。私にも経験がありますが、値段設定が高いセミナーは非常にやりやすく満足度も高くなるものです。

ではウェブレン効果を営業に応用してみましょう。

全員とは言いませんが、価格交渉ばかりして価格をギリギリまで値引きしたお客様からはクレームが多く発生しました。

《予算がないんだ。とにかく値段を絞ってくれ》というお客様は必ずと言っていいほど契約後にトラブルになりました。逆にあまり値引きをせず、お金をかけてくれたお客様はクレームが少なく満足してくれたのです。

だからといって今の時代、お金をふんだんに使えるお客様はほとんどいません。予算ギリギリで考えているお客様がほとんどでしょう。予算のないお客様に満足してもらうためにはどうすればいいのでしょうか？

私のおススメとしては**1カ所だけ、お金をかけたこだわりの部分を作る**ことです。お客様によってさまざまなこだわりがあります。

・カーナビだけはいいものにする
・風呂はとにかく大きく
・日曜日の食事だけは豪華に
・パソコンのマウスは一番いいものに

などなど。

お客様の要望をよく聞いて、どこか1ヵ所だけでお金をかけるポイントを作ります。お客様はそのことで満足するのです。また**お金をかけたポイントを作ると友人にも自慢しやすくなります。**「○○だけにはお金をかけたんだよ」と言いたくなるのです。

こうして友人に口コミが広がり、紹介が発生します。予算のないお客様も1つだけお金をかけるポイントを作る。それが満足度を高め、そして紹介を生むのです。

□ **1ヶ所だけ自慢できるポイントを作る**

36 一度買ったらやめられない「コンコルド効果」

explanation

コンコルド効果とは超音速旅客機コンコルドの商業的失敗を由来とする心理的効果のことです。開発計画の途中で、赤字は免れないことがわかっていたのに、それまでの投資が無駄になることを恐れ、投資は継続され結果赤字はさらに拡大しました。
つまり、ある対象への金銭的・精神的・時間的投資をし続けることが損失につながるとわかっているにもかかわらず、それまでの投資を惜しみ、投資をやめられない状態を指します。

ある健康食品会社の社長さんにこんな話を聞いたことがあります。
社長「無料サンプルはすごくいい方法でね」
私「どうしてでしょうか?」
社長「うちは3週間無料サンプルキャンペーンをしているのですが、多くのお客様がその後も継続してくれるんです」
私「続けているとやめられなくなるということですか？」
社長「そうですね。体にいいことを続けるとせっかくだからとその後も続けたくなるんですよ」

この話を聞いてなるほどと思いました。私自身も経験したことがあります。無料サンプルでもらったサプリメントを飲みはじめたところ、飲んでいると調子がいい気がします。1週間もしないうちに無料サンプルは終わったのですが、飲まないと調子が悪くなるような気がして、サプリメントを購入したのです。

そしていまだに購入し続けています。続けているだけでなく妻や親に紹介までしました。

無料だとしても一度続けたことを途中でやめてしまうと損するような気持ちになります。

このようなこともコンコルド効果の1つと言えます。

コンコルド効果は金銭的投資だけの話ではありません。時間的投資も同じような心理が働きます。

競合が多かったお客様と商談していた時のことです。

そのお客様は5社以上の会社と商談をしていました。私も他社と同様、要望をヒアリングしてそして似たような提案をします。建物のグレード、金額、装備など各社横並びです。全く差別化できていません。

《まあ、運が良ければ決まることもあるだろうな》と思っていました。

そんな時のことです。

たまたま現場見学会が2週連続であり、その後工場見学の予定もありました。私はそのすべてにお客様を誘致し、毎週、かなりの時間を費やしていたのです。

はじめは決まればラッキー程度に思っていたのに、だんだんと《これだけ時間を使って、このお客様を落としたらマズイだろうな》という心理になってきました。

こういった焦りの気持ちが出てきた時は得てしていい結果が出ないものです。しかし、このお客様に限ってはその後契約となりました。契約後、私はお客様にこのような質問をしました。

私「どうして私と契約して頂いたのでしょうか？」

お客様「いろいろと迷ったんだけどね、毎週菊原さんと会っているうちに決めちゃったよ」

私「ありがとうございます」

私自身もかなりの時間を費やしたのですが、それはお客様も同じことです。お客様自身にも《これだけ時間をかけて検討したのだから、ここに決めよう》という気持ちが生まれたのでしょう。

このようにコンコルド効果は時間にも同じような効果があるのです。

人は続けて投資したものに対してリターンを求めます。今まで投資した金額や時間を無駄にしたくないと思うため、損をしてまでも続けることもあるのです。

また続けているうちに未知なもの、未体験のものを受け入れず、現状は現状のままでいたいとする心理を持っています。こうした心理を現状維持バイアスと言いますが、コンコルド効果もこの1つです。

このような心理になれば、あなたの商品を長期に渡り購入してくれることになるのです。

□ **人は投資したものにリターンを求める性質がある**

37 印象に残すための「エスカレータ効果」

explanation

エスカレータ効果は違和感の1つで、止まっているエスカレータを降りる時、足が重くなったような感覚を言います。自分自身では制御できない深層心理が「エスカレータは動くもの」と認識しているため、普段エスカレータを乗り降りする時の微妙なバランス調整を再現してしまうのです。

要するに《これはこういうものだ》という思い込みに反する時に起こる違和感のことです。

夕方のニュースを見ていた時のことです。小さな定食屋さんが取り上げられていました。そこでは500円のワンコインランチをしています。それが評判となり、今では毎日長い列ができるようになったというのです。

そのお店のマスターが印象的なことを言っていました。

「ワンコインランチはこんなものだろう、というイメージを裏切りたかったんです」

いい意味で裏切られると印象に残ります。また人にも思わず「すごいランチを見つけたよ」と言いたくなるものです。こうして口コミで広がり、ますます繁盛しています。

また私の在住地域にあるスーパーには250円弁当というものがあります。

《250円だからたいしたことないだろう》

というイメージを見事に裏切って豪華でおいしいのです。当然のように口コミで広がり、そのスーパーは平日のどんな時間に行っても混んでいます。

あなたにも《値段は安いのに内容がすごくいいぞ》と思った経験があると思います。そういった時は思わず「いやぁ~すごいの見つけちゃったよ」と誰かに話したくなるのではないでしょうか? こういったことが口コミになり、紹介につながるのです。

「いい意味でお客様を裏切る」これは営業でも使える心理です。

私が推奨しているトークの1つに「おススメしないトーク」というものがあります。おススメしないトークとは、お客様に対して「これがおススメです」と売り込みのではなく「こちらはおススメしません」と売り込みの逆をするトークのことを言います。

一般的にお客様は《営業マンはガンガン商品を売り込んでくるのだろう》というイメージを持っています。そこで「こちらの商品は形状が複雑で使いづらいですから、おススメしていません」というような予想外のトークをします。**いい意味で裏切られたお客様はその営業マンに好印象を持ち、その後も印象に残る**のです。

またお客様は営業マンに対してこのようなイメージを持っています。

《営業マンは売ったら売りっぱなしだろう》

確かにそういった営業マンを数多く見かけます。売るまでは真剣なのですが、いざ売れてしまうと音沙汰なし、という営業マンが非常に多いのです。

私もお客様としていろいろ商品を購入しますが、購入した後も変わらずキチンとフォローしてくれる営業マンとはお会いしたことがありません。以前、高額商品を購入したのですが、その後は一度も連絡はありませんでした。購入するまで何度もお会いしていたので、なおさら《売りっぱなし》の印象が残ったのです。

《やっぱりかぁ～》とガッカリしました。

そんな営業マンが多い中、**購入後も手厚くフォローしてくれる営業マンがいれば、いい**

□ お客様をいい意味で裏切る

意味で裏切られます。

信頼度はどんどんアップするでしょう。信頼度が上がることでクレームは減り、そしてリピート、紹介へとつながるのです。

売れ続けている営業マンはそのことをよく知っています。ですから購入後にキチンとお客様をフォローしています。先日お会いしたトップ営業マンはこんなことを言っていました。

「既販客に時間を使うことでトラブルは減り、紹介ももらえて一番効率がいいんです」

むしろ**商談時よりも、契約後の方に力を注ぐ**というのです。

定期的に訪問する営業マンもいれば、定期的にニュースレターを送っている営業マンもいます。どんな方法でも構いませんが、購入後も手厚くフォローしてお客様をいい意味で裏切りましょう。

こうしたことで口コミになり、紹介ももらえるようになります。

38 お客様が優秀な営業マンに変わる「認知的不協和」

explanation

人は認知に不協和が存在すると、その不協和を低減させるために、なんらかの圧力を起こすことを認知的不調和と言います。

つまり、複数（通常は2つ）の要素の間に不協和が存在する場合、一方の要素を変化させることによって不協和な状態を低減または除去することができます。

簡単に言えば自分の都合のいいように思い込むことを言います。


認知的不協和の理論を理解する上で、わかりやすい説明としてタバコの例があげられます。

99・9％の喫煙者は、喫煙が身体に悪いことをよく知っています。身体に悪いことを知って禁煙できれば不協和は起きません。しかしわかっていてもタバコをやめられない人も数多くいます。

《タバコは体にも悪いし、お金もかかる。しかしやめられない……》

というように不協和が起こるのです。人間は矛盾する認知を持ち続けるとストレスが溜まり、この不協和をなんとか低減しようとします。結果、自分に都合のいいように考えだします。

「タバコを吸うことでストレス解消になり仕事もはかどる」

「タバコを吸わなくても肺ガンになる人はいる」

「禁煙したらタバコ仲間とのコミュニケーションが取れなくなる」

などの新たな認知を持つようになるのです。多くの喫煙者は禁煙が難しく苦しいものと考えます。ですから禁煙するより、自分の認知を変更することの方が、何倍も楽です。

このように**人間は、自分に都合のいいように思い込み、自分の選択した道が《これで良かったんだ》と思いたいという習性を持っています。**

これは禁煙だけでなく商品を購入した時も起こります。

以前、体を鍛える道具を購入した時のことです。

「こんなの買って……ちゃんと使うの？」

と言われるのが目に見えていたため、私は自分から妻に器具のメリットを話しました。

私「これすごいぞ。10種類以上も運動のパターンがあるんだ」

妻「ふ〜ん」

私「こんなところにもクッションがあるし、体を痛めないように設計されているんだ。それに……」

いつも以上にペラペラと話しました。妻は興味を全く持ちませんでしたが……。安いものならともかく、**高いものを買ったので、これを正当化しようとします。ですから聞かれてもないのに自分からいい点やメリットを探して人に話す**のです。

以前、床をリフォームした時もそうでした。いかに体にいいのか、調湿効果に優れているのかなどを人に話しました。私は頼まれていないのにもかかわらず、リフォームの営業マンになっていたのです。その結果、1件の紹介をして成約しました。

高額であればあるほど、整合性を保つために無意識的にそういった行動をとります。例えば家を建てた時、お客様はどういう心理になるでしょうか？　家は失敗したらまた建て替えよう、とはいきません。たとえ多少後悔する部分があったとしても、納得しようとして、いい点、メリットを探します。

「いやぁ〜新築は快適だよ」

「造りもしっかりしているし、いいよ」

「親切にしてもらったしいい会社だった」

などなど。このようなことを友人や同僚に話すものです。自分の判断は正しいと思いたい。だからこそ聞かれてもないのにいい点、メリットを話すようになります。家だけに限りませんが、**商品を引渡した直後は紹介が出やすくなります。**それはこういった理由からなのです。

私がお付き合いしている住宅メーカーの社長さんは物件の引き渡し前に会社の宣伝入りのハガキを「これを引越しのお知らせに使ってください」とプレゼントします。お客様は「素敵な家ができました」とお友達に告知してくれるのです。

こういった工夫をすることで紹介が発生するのです。**商品引き渡し直後、お客様は整合性を保とうとして人にいい点を話してくれます。その時を逃さず、密に付き合い、紹介をもらいましょう。**

□ **高額な買い物をすると、商品のメリットを勝手に話したくなる**

39 事前情報をうまく利用するための「プライミング効果」

explanation

プライミング効果とは先行する刺激（プライマー）の処理が後に与えられる同一刺激もしくは関連する刺激（ターゲット）に影響を及ぼすというものです。例えば、おいしいと評判のラーメン屋さんに行けば、たとえ普通の味だったとしてもおいしいと錯覚するというようなことです。

商品を購入する時にテレビや新聞で見たことがある商品を思わず手に取ってしまった、という経験をしたことがあると思います。

全く知らない商品より、聞いたことのある商品の方が安心感があるものです。それがいいイメージであればあるほど、実際の商品を手にした時に他の商品より魅力的に映ります。

その結果その商品は購買率が高くなります。大企業が大金をかけて宣伝するのは、お客様にこうした効果を狙っているからです。

これは反対のことも起こります。CMに出ていたタレントが嫌い、もしくは友人から悪い口コミを聞いたなど、事前に悪いイメージを持たれた場合は、実際の商品を手にした時、他の商品より劣っているように感じてしまうのです。

こういった事前の情報に左右されることをプライミング効果と言います。

このプライミング効果を営業活動に応用してみましょう。

あるお客様から紹介を頂いた時のことです。すでに入居しているお客様のご両親をご紹介頂きました。はじめて出会った時から、いい感じの人で商談もスムーズに進みます。商談を進めている時にこのようなことを言われました。

お客様「娘から聞いている通り、資金関係に詳しいですね」

私「ありがとうございます」

お客様「私たちもすごく助かります」

実は事前にお客様は娘さんから「菊原さんは資金計画に詳しいから、一番いいローンを組んでくれるよ」と聞いていたと言います。そのお陰でお客様は私を頼りにしてくれて、非常に商談も進めやすかったのです。ほとんど何の問題もなく契約まで進みました。このように**事前にいい情報が伝わり、いいイメージを持ってもらうと商談は非常に進めやすくなります。**

逆に事前に悪い情報が伝わり、悪いイメージを持たれるとやりにくくなります。以前、このようなことがありました。

仲が良くなったお客様から友人を紹介してもらった時のことです。そのお客様はなぜか私に対して不信感を持っているように感じました。商談が頓挫してしまい先に進みません。困った私はオーナーのお客様に助けを求めました。商談に同席してもらったのですが、その中でこのようなことを何度か耳にしました。

オーナーのお客様「菊原さんはいい加減なところもあるけど、よくやってくれるよ」

友人「……う〜ん」

オーナーのお客様は悪気があって「いい加減」と言っているわけではありません。仲がいいため、愛嬌で言ってくれていたのです。しかし友人にはそう伝わりません。

「いい加減なところもある」という情報だけがインプットされたようで、私に対して不信感を持って接していたのです。結局この商談は決まりませんでした。

私はその後、お客様から紹介してもらう時は必ずこのようにお願いするようになりました。

私「ご紹介ありがとうございます。1つお願いしたいことがあるのですが」

お客様「なんでしょうか？」

私「私のことを『一番いいローンを提案してくれる営業マンだよ』と伝えておいて頂けますか？」

お客様「いいですよ」

この一言で、劇的に印象は変わります。それからは紹介してもらうお客様に会う前からいいイメージを持ってもらうようになったのです。

お客様から紹介を頂ける時は、自分の強みを前もって伝えてもらいましょう。その一言で紹介して頂いたお客様がうまくいくか、失敗に終わるかが決まります。またあなたの強みを知ることでお客様も紹介しやすくなるのです。

□ **会う前にどう伝わるかで勝負が決まる**

Chapter 7

断られた時 編

起死回生の一手を打つ

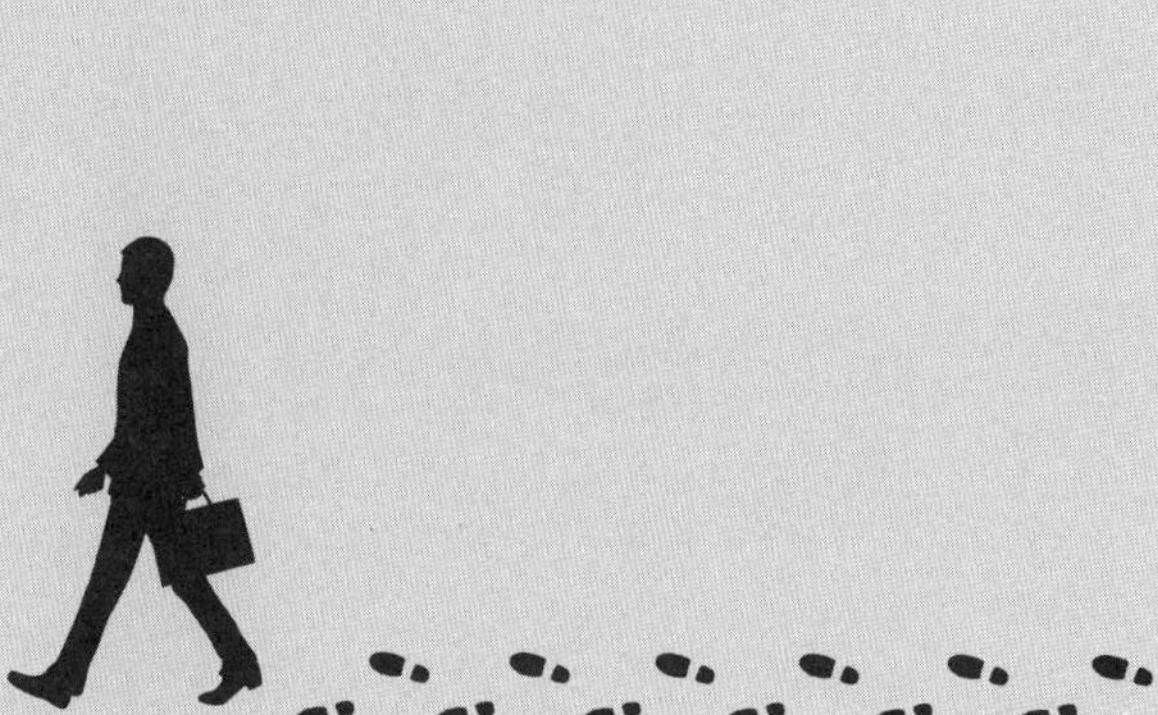

40 悪い状況を打開する「アズ・イフ・フレーム」

explanation

アズ・イフ・フレームとは、「もし○○だったとしたら、どのようにするか」「もし△△が実現したら、どのような気持ちになるか」などと質問をすることにより、相手がかけている色眼鏡つまり、フレームを外すことを言います。

自分自身や自分を取り巻く世界や状況に対する心理的フレームを外すことで、創造的かつ前向きな考え方を持つことができるようになります。

今まで順調に進んでいたプロジェクトが突然うまくいかなくなり、行き詰まったとします。どんなに知恵を出し合ってもいいアイデアは浮かびません。その時に、たいていの人はこう思います。

「このプロジェクトはそもそも無理があったんだ」「こんな計画がうまくいくはずもない」

「早いうちにやめた方がいい」などとうまくいっていないという事実に目が向き、悪いことにフォーカスしてしまいます。しかし、それでは人の思考は固まってしまい、創造的な活動ができなくなってしまいます。そこで、そのような状態になってしまったら、**「もし○○だったら？」と質問する**のです。

例えば資金面で行き詰ったとします。そんな時は「もし資金面が解決されたらどう？」とメンバーに問いかけてみます。また「すべての障害が解決したらどう思う？」と問いかけてもいいでしょう。「もうダメだ」と落ち込んでいるよりは何倍もいい結果につながるのです。

それではアズ・イフ・フレームを営業活動に応用してみましょう。

あるお客様と商談していた時のことです。話は順調に進み、いよいよ最終段階のクロージングです。このお客様には今まで相当な時間と労力を使ってきましたから、契約になるのと断られて消えてなくなるのでは、天と地ほどの差があります。

しかし、《さてここからが勝負だ》と思っていたところで、雲行きが怪しくなってきました。お客様はいかにも断るという雰囲気を醸し出します。そして言いづらそうにこう切り出しました。
お客様「今回は申し訳ございませんが……いろいろしてもらったのにすみません」
私「いえいえ」
聞きたいことは山ほどあったのですが、まずは我慢して一度受け止めました。お客様がすべてを言いきった後、しばらくしてからこう質問しました。
私「何か理由でもあるのでしょうか？」
お客様「この先どうなるかわからないからねぇ。大きなことはやめようと思って」
私「そうですか。そのようなお考えでしたら仕方ないですね」
お客様「すまないね」
お客様の意思は固く取りつく島もありません。諦めて帰ろうとしたのですが、その前にもう1つだけ質問してみました。
私「もし、将来の不安要素がなくなったらどうでしょうか？」
お客様「まあ、不安がなくなれば建てたいよね」
《本心は建てたいんだろうな》と感じました。ここで諦めることは自分にも、お客様のためにも良くないと思った私はもう少し突っ込んで質問します。

私「今現在は計画が実行できる状況です。もし、その後状況が今より悪化して建てられない状況になったらどうですか？」
お客様「それは後悔するでしょうね」
私「ではもう一度考え直しませんか？」
お客様「う～ん、そうですね。今はなんだかんだ言ってもローンも組めて家を建てられるわけですから、もう一度再検討してみます」
これで消えかけた話が復活したのです。
商談をしていて話が消えかけることがあるでしょう。状況によっては完全に無理ということもあります。しかし、お客様が一時的に不安になっているだけという場合もあります。そんな時はまずは一度受けとめます。そして、言いたいことをすべて吐き出してもらってから、その後質問します。
「もし○○だったら……」「仮にその問題が解決したら……」とお客様の思い込みを外してみてください。1つの質問によって話が復活することもよくあります。

□「もし○○だったら」の質問で話が復活する

41 あまのじゃくを利用する「ブーメラン効果」

explanation

人は、あからさまに説得されればされるほど反発を感じ、最初の態度を強めてしまう傾向があります。つまり、説得が逆効果となるということです。

こういった心理をブーメラン効果と言います。


子どもの頃、親に「勉強しなさい」と言われれば言われるほどやる気をなくし、意地でも勉強したくない、と思ったことはありませんか？ 答えは決まって「今やろうと思っていたのに、言われたからやる気をなくしちゃったよ」と言っていたのを思い出します。

また、17項の「カリギュラ効果」でもお話ししましたが、ロミオとジュリエットのように、障害のあるカップルが、周囲から反対されればされるほど燃えあがるという話もあります。しかし、周囲が説得を諦めて応援した途端に別れた、といったエピソードも珍しくありません。

こういったことをブーメラン効果と言います。**買おうと思っていたものでも、あまりにもしつこく店員からすすめられると、なぜか買う気が失せてしまうというのもその効果**です。

それではブーメラン効果を営業に応用してみましょう。

以前、大型電器店にパソコンを買いに行った時のことです。私がパソコンコーナーに行った途端、1人の若い店員さんが待ち構えたようにやってきました。

店員「デスクトップのパソコンをお探しですか？」

私「ええ、まあ」

店員「今はどんなパソコンをお使いですか？」

私「今は2年前に買ったソニーのパソコンを使っています」

店員「そうですか。それでしたら日本製がいいですよね。2年前と比較しましてCPU

も大きくなり処理スピードが格段にアップしております。さらに……」

店員さんは水を得た魚のように説明をはじめました。内容はさっぱりわかりませんでしたが、必死に説得しようとしていることだけは理解できました。私はもう少しゆっくり見たいと思っていたのでこう伝えました。

私「すみません。もう少し見させて頂けますか?」

店員「そうですかぁ……わかりました」

急にテンションが下がり、スッと離れていきました。《これでゆっくり見られる》と思ったのですが、1人で見ていてもよくわかりません。不思議なことにうるさい店員さんがいなくなって少し寂しく感じたのです。先ほどの店員さんは見当たらなかったのですが、キョロキョロと店員さんを探し、結局違う人を呼んで話をしながら検討しました。**必死に説明されるのも困りものですが、急にほっとかれるのも寂しい**ものだと感じたのです。

この心理は接客に応用できます。

お客様は来店して営業マンにあれやこれやと説明されるのはうっとうしく感じます。特に警戒心の強いお客様はなかなか話をしてくれません。《このお客様は見込みなしだ》と諦める前に有効的な方法があります。その方法とは、お客様の前から一度姿を消すというやり方です。

具体的にお話しします。あるお客様と接客していた時のことです。

私「こういったお店にはよくいらっしゃるでしょうか？」

お客様「……まあ」

私「お近くからですか？」

お客様「……」

警戒心が強く全く話をしてくれません。そこで、私は「ちょっと資料を取ってきます」と言ってお客様の前から一度姿を消しました。**お客様は営業マンが一度いなくなるとホッとするもの**です。そして頃合いを見て再登場してみました。すると先ほどは別人のように話をしてくれるようになったのです。おそらく営業マンがいなくなって少し寂しい気持ちになったのでしょう。

《このお客様は特に警戒している》と感じたら一度姿を消してみてください。自分の気持ちもリセットできていい方法ですよ。

□ 押してダメなら引いてみる

42

目先を変える「クーリッジ効果」

explanation

クーリッジ効果とは、新しいメスの存在がオスの性衝動を活気付けることを言います。

江戸時代より使われている表現で、歌舞伎の初会浦島廓釣針《くるわのつりばり》に「女房と畳は古いより新しい方が寝心《ねごころ》がいい」とあります。

ようは新しいものよって刺激を受け、より興味を持つという心理のことを言います。


クーリッジ効果をもう少し詳しくお話ししましょう。

クーリッジ効果とはアメリカの第30代大統領カルビン・クーリッジの逸話に由来しています。ある晴れた日に、大統領と夫人が政府の直営農場を訪れて、別々に鶏小屋の前を案内されました。

最初に鶏小屋を訪れた夫人は、飼育係に「この雄鶏は1日に何回くらい雌鶏に求愛するんですか？」と質問します。飼育係は「1日に何十回もですよ」と答えました。すると夫人は喜んで「その話を主人にもしてやってください」と言い残して出ていったのです。

その後、鶏小屋を訪れた大統領は、飼育係からその話を聞かされ「では、その雄鶏はいつも同じ相手に求愛するんですか？」と質問します。飼育係は「いいえ、毎回違う雌鶏です」と答えました。すると大統領はにっこり笑って「じゃあ、その話を女房に伝えてもらえないか？」と言ったという話です。

この話から**人は常に新しいものを求め、新しいものから刺激を受ける**ことがわかります。


クーリッジ効果は、実は身近なところで起こっています。よく「甘いものは別腹」言いますが、私もその経験をしたことがあります。

先日、ランチの会に誘われた時のことです。ランチはコースだったのですが、思いのほか量が多く出てきました。最後の方は食べきれず残してしまいました。そこへお店の人がデザートを持ってきます。

「お口直しにさっぱりとジェラートをどうぞ」

それも量が多くとても食べ切れないと思っていたのですが、ペロッと食べられたのです。これも1つのクーリッジ効果と言えます。

ではクーリッジ効果を営業活動に応用してみましょう。

あるお客様と商談していた時のことです。3回ほど商談したところで話が止まってしまいました。

「う～ん、どこが悪いというわけではありませんが、どうも決め手がないのですよ」と商談は硬直状態になってしまったのです。

その後、いくら説明しても話は進みません。アポイントを取ろうと電話をしても「もうお話しすることはありませんから」と相手にされません。次の約束も取れず、この商談自体が消滅しかかっていました。私自身は半分以上諦めていたのですが、上司は許してはくれません。

何の対策もなく「その後どうでしょうか？」と何度も訪問するのも辛いものがあります。

そこで、私は仕方がなく会社で企画したチラシを持っていきました。企画と言っても今まで提案しているものとほとんど同じような内容です。ダメもとでこのように提案してみました。

私「今度会社でこういったセット販売の企画をするんですが」
お客様「これいいじゃない！」
私「そうですか。それでは今週末お時間もらえますか？」
お客様「いいですよ。日曜日に会社へ行きます」

週末お客様は来店し、そして今までの硬直状態から嘘のように話が進んだのです。

その企画は私たちにとっては代わり映えしない企画でした。何年も前から繰り返し行っているおなじみのものです。しかし**お客様にとっては目先が変わり、新鮮に映ったのです。**

お客様との商談がうまくいかず消えそうになった時、目先を変える工夫をしてください。ちょっとしたことでも構いません。自分で勝手にダメだと判断せずにお客様に提案してみましょう。

意外な企画がお客様にヒットすることがあります。

□ よくある企画もお客様には新鮮に感じる

43 プラスの方向へ向かわす「ダブルバインド」

explanation

ダブルバインドを直訳すると「二重拘束」となります。従って「あちらが立てば、こちらが立たず」というような矛盾する2つの命令があることを言います。

例えば上司から「早くやりなさい」と命令され、やっている時に「そんなに早くやってどうする！」と怒られた時に感じる矛盾を言います。


ダブルバインドにはマイナスの意味のものとプラスの意味のものがあります。マイナスのダブルバインドは「やっても怒られ、やらなくても怒られる」というものです。

以前、こんなことがありました。お客様の商談が思うように進まない状況を上司に相談した時のことです。

私「今取りかかっている商談で困っていまして」
上司「そんなことでいちいち相談してくるな！ だいたい何年営業をやってるんだ」
私「すみません」
上司「もう少し自分の頭で考えて行動しろ！」
私「わかりました」
その後、反省した私は自分で考え行動するようにしました。上司はそんな私にこのように言ってきたのです。
上司「できもしないのになんで相談せずに勝手にやっているんだ」
私「……すみません」
《じゃあ、どうすればいいんだよ！》と心の中で突っ込んだものです。この時、上司は私にマイナスのダブルバインドをしていると言えます。

逆にプラスのダブルバインドというものがあります。それは「実行しても認められ、実行しなくても認められる」というものです。

マイナスのダブルバインドがお客様を勝ち目のない状況に追い込むのに対して、プラスのダブルバインドは、お客様を負けることのない状況に置くことになります。

プラスのダブルバインドがうまくいった例をご紹介します。あるお客様と商談していた時のことです。話も進みいよいよクロージングです。すこし何か引っかかっていることがある気がしたのですが、《まあ、五分五分くらいの確立だろうな》と思いながら最終見積書を出しました。

私「これが最終見積書です。何か質問等ございますか?」

お客様「はい。特にありません」

お客様の反応の悪さを見れば契約になるかどうかはわかります。このまま「検討します」と持ち帰られ、その後フェードアウトされるのは嫌なものです。そこで、私は思い切ってこう質問しました。

私「ご契約頂ける確率はどのくらいでしょうか?」

お客様「う~ん、かなり低いと思います」

私「私も上司に報告しないといけないものですから、ぜひ理由を教えてください」

お客様「実はですね……」

お客様は事情を話しだしました。20分ほど話を聞いたのですが、要するに将来が不安ということと、親からの反対で家作りを先延ばしにしたいというのです。私はガッカリしました。そして頭に血が上った私は、思わずこう言いそうになりました。

「今やらなくてどうするんですか！ 歳を取るほど借り入れの条件が厳しくなりますよ」

しかしそんなことはお客様自身が一番わかっています。お客様の決意が固いと判断した私はその言葉を飲み込みこう言いました。

私「家を建てずに賃貸に住み続けるのも正しい選択ですし、家を今建てるのも正しい選択ですよ」

お客様「ありがとうございます」

お客様は嬉しそうな表情に変わり、帰っていったのです。このお客様とはその後もいい関係が続き、半年後に話が再浮上しました。結果的には契約となったのです。もしあの時感情に任せて「きっと後悔しますよ」と捨て台詞を言っていたらどうでしょう。二度とお会いしてもらえることはありません。

お客様が商品を買わない決断をした時、どちらも正しい選択ですと言ってあげましょう。

暴言や捨て台詞を言うよりよっぽどいい結果になります。

□ **どちらも正しいですよと言ってあげる**

44 断られた時に有効な「間接アプローチ戦略」

explanation

間接アプローチ戦略は戦争用語の1つで、国家戦略においては相手国と正面から武力衝突するのではなく、間接的な手段として同盟国への支援や、シーパワーを駆使した経済封鎖・通商破壊などの間接的な手段を用いて弱体化させ、政治目的を達成しようとする戦略のことを言います。

ようするに直接ぶつかるのではなく、間接的にアプローチすることです。


ダメ営業マン時代のことです。昔の上司によく言われたことがあります。

それは「見積書を出したお客様は家の基礎が打たれるまで諦めるな!」ということです。見積段階まで進んだお客様はどんな理由だとしても、工事がスタートするまでは諦めてはならないというのです。

私はその言葉を長年信じていました。ですから、基礎が打たれるまでとは言いませんが未練がましく粘っていたものです。

お客様はいろいろな会社と検討して、悩んだあげく決断します。5社と商談していれば、4社に断らなくてはなりません。誰だって良くしてくれた営業マンにお断りの電話を入れるのは心苦しいものです。**お客様だって断るには相当な労力を使います。**しかし当時の私はそんなことは関係ありません。1回の電話で断られたくらいで諦めるわけにはいかなかったのです。

お客様からお断りされた時のことです。お客様は言いにくそうに口を開きます。

お客様「申し訳ありませんが……今回は他社でお願いすることになりました」

私「もう契約されたのですか?」

お客様「はい」

私「契約金は払っているのでしょうか?」

お客様「契約金は振り込みなので、まだです」

私「まだ考え直せます。どうかもう一度チャンスをください!」

私は断られてからも、何度もこう頼み込んでいました。しかし、私の場合はそれが逆効果になっていたのです。

お客様「もう決めたことですし、〇〇社の建物が気に入っていますから」

お客様を困らせた上で、他社で決めた理由をより強固にしただけだったのです。

私が買う立場になった時のことです。

3社から見積りを提出して頂いたのですが、2社はお断りの電話をしなくてはなりません。電話をしたのですが、1社の営業マンはすんなり受け入れてくれました。しかしもう1社の営業マンはしつこく食い下がってきます。断るのに非常に苦労しました。お客様の立場になってはじめて、《断るのは精神的にも負担がかかるものだ》と痛感したものでした。

ここまで、断りは素直に受け入れた方がいいという話をしてきましたが、すぐに諦めろと言っているわけではありません。どんなに意志の固いお客様だとしても、決めた直後は心が揺れ動くものです。だからといって、今までお話ししたように断られたお客様にしつこく食い下がったり、何度も訪問しても迷惑になります。また、そうされればされるほど断りが強固になってしまうものです。

断られた時こそ直接アプローチするのではなく、間接的に手紙でアプローチしてみるのです。他社で契約を決めた直後にこのような手紙が届いたらどうでしょうか?

【契約後は〇〇についてお困りになることもあるかもしれません、その時はぜひ私にご相談ください】

このような手紙をもし頂いたら、私はグラッときたでしょう。契約を勝ち取った営業マンも契約後は少し気が緩むこともあります。契約した後にちょっとしたことで営業マンに不満を持った時、手紙を思い出し、思わず寝返ってしまうことだってあるのです。

私の経験上、断られた直後に直接アプローチしてもあまりいい結果にはつながりません。断られた直後は間接的にアプローチした方が何倍もいい結果につながります。《少し離れたところからソッと気遣う》という感じの方がお互いにいいのです。

断られた時こそ、手紙は威力を発揮するということを忘れないでください。

□ **断られた時こそ間接的なアプローチが威力を発揮する**

45 冷静になれる「アンカーリング」

explanation

アンカーリングとは船のいかり（アンカー）から名付けられたもので、いわゆる条件付けのことです。

ある特定の体験に対して、五感を利用した感覚的な刺激を条件付けし、その体験を定着させてたやすく引き出せるようにすることです。


「パブロフの犬」という言葉を聞いたことはないでしょうか？

ロシアの生理学者パブロフは犬を使った唾液分泌の実験中にあることを発見しました。それは餌を運ぶ時の足音や食器の音が聞こえるだけで、犬が唾液を分泌するということです。つまり、何度も餌を運ぶうちに、餌を運ぶ時の足音が、唾液を分泌させるというアンカーリングになったのです。

02項で紹介した、「懐かしい音楽を聞いてフッと高校時代を思い出した」という「エピソード記憶」もこのアンカーリングの1つと言えます。

それではアンカーリングをお客様から断られた時に応用してみましょう。

絶対に契約になると思っていたお客様と商談していた時のことです。いつものように商談している時にお客様が突然こう言いました。

お客様「菊原さん、本当にごめんなさい」

私「どうしたのですか?」

お客様「実は菊原さんとは契約できなくなっちゃったの」

私「どういうことでしょうか?」

お客様「理由は聞かないでください」

ハッキリと理由がわからないまま、契約になるはずの商談が消えてなくなったのです。

その後、私は冷静さを失っていました。《絶対に他のお客様で売上げをカバーしなくては……》と思うようになっていたのです。

その時、もう一組商談中のお客様がいました。絶対に取れる商談を落とした分、こちらのお客様に全精力を集中させます。《なんとしてもこのお客様は取らなくては……》という思いで商談をしたのです。そうした強い思いがプラスに働くこともあります。しかし結果は違いました。切羽詰まった精神状態で商談していたことが裏目に出たのです。商談した翌日、お客様から電話がありました。

お客様「今週の打合せですが、少し待ってほしいと思いまして」

私「何か予定でも入ったのでしょうか？」

お客様「そういうわけじゃありませんが、ちょっと時間を置こうと思いましてね」

私「もう資料も用意したので、見るだけ見てもらえませんか？」

お客様「もう少しゆっくり考えたいので、すみません」

このようにアポを断られた時は目の前が真っ暗になりました。その後、2度とこのお客様とアポイントが取れることはなかったのです。

1件目の商談を断られたことで力みが生じ、他のお客様に悪影響を及ぼしました。焦りがお客様への圧迫感となり潰さなくていい商談まで潰してしまったのです。《なんてバカなことをしたんだ……》さらに深く落ち込みました。

期待していた商談を断られた時、人はどうしても取り返そうとしたくなります。《期待していたお客様がダメだった分、このお客様でカバーするぞ》そんなことはお客様には関係ありません。気合がいい方へ向かえばいいのですが、たいていは力みすぎでお客様から避けられます。空回りして商談自体を潰すことだってあります。

私はその後、**断られた時こそ冷静になる習慣を身に付ける**努力をしました。私の場合方法は2つです。

1つは娘の写真を見ることです。娘の笑顔を見ることでフッと冷静な自分に戻ることができました。

そしてもう1つは「焦れば焦るほどお客様は逃げる」と手帳に書いて、見ることでした。どちらかをすることでスッと落ち着いたものです。

あなたが見た瞬間に気持ちが安らぎ、落ち着くものはなんでしょうか? どんな方法でも構いません。それを常に見られるようにしてください。お客様に断られた時こそ、そのツールを利用して冷静になり、慎重にことを進めましょう。

□ **断られた時こそ冷静になれ**

Chapter 8

モチベーション 編

やる気に火を付けろ！

46 認めらるとヤル気になる「アクノリッジメント」

explanation

アクノリッジメントとは、存在承認のことであり、相手の存在を認める言葉と行為を意味します。

あなたがそこにいることを私はちゃんと気付いていますよ、というメッセージを伝えることです。

認められることで安心したり、モチベーションが高まったりします。


私は11年の営業マン生活の中で多くの人たちを見てきました。

その中で「俺って必要なんですかね?」と言いだした営業マンはそう遠くないうちに会社から姿を消したものでした。お客様から相手にされず、会社からも必要とはされません。

そうしているうちに存在意義を見失います。誰からも必要とされていないと思った時、モ

チベーションが下がり、仕事への情熱も失うのです。

逆に人から必要とされ、認められると嬉しいものです。どんな些細なものでも構いません。たとえ仕事は嫌いでも、同僚とのコミュニケーションや雑談の時間が楽しくて現在の仕事を続けているという人もいます。このような人たちは同僚に受け入れられること、つまりアクノリッジメントされている嬉しさから毎日会社に来ているのです。

これは営業マンだけの話ではありませんが、**人は自分の存在を認めてもらった時、何物にも代え難い喜びを感じます。**《必要とされている》という感覚が人を前向きに、そしてやる気にさせるのです。

先日、研修をさせて頂いた会社の部長さんとお話しした時のことです。

部長「お役立ち情報（営業レター）を送りはじめたら、若い子もやる気を出してくれましてね」

私「それは良かったです」

部長「最近は言わなくても出すようになりましたよ」

私「何かいい結果が出ているのですか？」

部長「結果が出たこともそうですが、お客様から声がかかるのが嬉しいんじゃないですかね」

私「なるほど」

誰でもお客様から声がかかり必要とされると嬉しいものです。私自身もそうでした。ダメ営業マン時代はどこへ行っても誰からも相手にされません。

「用がある時はこちらから連絡しますから！」

「計画はなくなったので来ないでください！」

「迷惑なんです！」

などなど。キツイ断りばかりでした。

その後私は迷惑訪問をやめ、お客様にお役に立つ情報を定期的に送るようになりました。

お客様に「お役立ち情報」を送るようになってから1ヶ月くらい経った頃でしょうか？

はじめての反応があり、「他にもこのような資料があればほしい」と言われたのです。

嬉しかったですね。今までどんなに頑張って訪問しても嫌がられるばかりだったものですから。そもそもお客様から連絡をもらうことがありませんでしたし、連絡をもらったとしても今までは断られる時だけだったのです。

そこで気分を良くした私は、お役立ち情報2号、3号と続けて作り、これまで何らかの接点があったお客さんすべてに送りました。その後、お客様から「相談したい」という連絡が入るようになり、あっという間に商談してくれるお客様が増えました。

今までほとんど誰からも相手にされなかった私は夢中で商談しました。その後結果が出たのですが、**お客様に必要な存在として認められことで、本当の意味でモチベーションが上がった**のです。

全くやる気が出ない時。どうしても訪問できない時。電話がかけられなくなった時。そんな時こそ、お客様にお役に立つ情報を提供し続けてください。

お客様から「相談したいことがありましてね」と声がかかった瞬間、一気にモチベーションが上がります。お客様から必要とされる感覚こそ、営業マンにとって一番必要なのです。

□ 必要とされる感覚が営業マンをやる気にさせる

47 相手から共感を得られる「アイメッセージ」

explanation

アイメッセージとは、「私」を主語にして相手の行動を促すメッセージのことです。相手が行動することによって「私」がどう感じるのかを言葉で表現することにより、相手が自主性を失わず承認に結び付けるテクニックの1つです。

反対にユーメッセージとは、「あなた」を主語にするメッセージです。「私」と「あなた」とのつながりが断絶されているので、相手に抵抗が生まれ、反発が生まれやすくなります。


散らかし放題の子どもには思わずこう怒りたくなります。

「またこんなに散らかして！　何度言ったらわかるの！」

よく聞く言葉です。しかしこれは「（あなたは）何度言ったらわかるの」というユーメッセージです。

ユーメッセージで子どもに注意すると、抵抗が生まれ、余計言うことを聞かなくなるという結果が出ています。

そうでなく、「こんなに散らかして、(私は) 悲しいわ」もしくは「ここをきれいにしてくれたら、(私は) 嬉しいのだけど」というようなアイメッセージで伝えます。

このように言った方が子どもは何倍も言うことを聞くという結果が出ています。

「勉強しなさい！」と言って子どもが「今やろうと思ったのに！」と反発する理由も「(あなたが) 勉強しなさい！」というユーメッセージだからです。「勉強してくれると (私が) 嬉しいな」と言った方が何倍も受け入れてもらえますし、何倍もやる気になってくれるものです。

アイメッセージを仕事の場面で応用してみましょう。

ダメ営業マン時代の私は知らず知らずのうちにユーメッセージを使っていたものです。

私はスタッフに対してよくこのようなやり取りをしました。

スタッフ「依頼されたものですが、ちょっと遅れそうでして」

私「どういうことですか！（あなたが）間に合うと言ったじゃないですか！」

スタッフ「まあ、そうですが、間に合わないものは間に合いません！」
こうなればあまりいい関係になることはありません。相手のやる気もなくさせてしまいます。

そうではなくアイメッセージで対応したらどうでしょうか？
スタッフ「依頼されたものですが、ちょっと遅れそうでして」
私「そうですか。できるだけ早くしてもらうと（私が）嬉しいのですが」
スタッフ「わかりました。何とか間に合わせます」
こううまくいくとは限りませんが、相手を怒らせることはなくなります。

これはスタッフに対してのことだけではありません。お客様と話していて思わずユーメッセージで意見してしまうこともあります。あるお客様と商談していた時のことです。
そのお客様は実家の土地を借りて家を建てる計画でした。
お客様「今、実家ともめていまして」
私「土地をお借りするのですから（あなたは）仲良くした方がいいですよ」
お客様「……まあそうですね」

と言って不機嫌になったのです。

私としてはごく当然のことを言ったつもりでした。しかしお客様としてみれば仲良くするのはわかりきっていることです。わざわざ私から言われることでもありません。

そうでなくアイメッセージで返したらどうなっていたでしょうか？

お客様「今、実家ともめていまして」

私「そうですか。いい関係になると（私も）嬉しいのですが」

お客様「まあ、仲良くしなくてはと思っているんですけどね」

このようにうまく展開したかもしれません。

自分の意図しないことが起こると思わず「あなたは○○なんだから」と言いそうになってしまうものです。そんな時は**一度「私は○○と思います」という言い方ができないか考えてください。**

ユーメッセージではなくアイメッセージで意見を言うだけで、物事が何倍もうまく進むようになります。

□ **主語を「あなた」ではなく「私」に変える**

48 トップ営業マンになるための「モデリング」

explanation

モデリングとは、広義の意味での模型（モデル）を組み立てることを言います。何かしらの対象物を見本（モデル）に、そのものの動作や行動を見て、同じような動作や行動をするのがモデリングです。

人間（主に子ども）の成長過程では、モデリングつまり真似することで学習・成長するとされています。


中学時代のことです。もう25年以上前になりますが、バンドが流行っていたことがありました。私もバンドブームにハマり、好きなボーカルの服装や靴を真似して履いていたこともあります。

中学から高校生の時期は特に憧れという意識からその人に少しでも近づきたいという心

理が発することがあります。また、特定の人のファンになり、対象者のファッションや仕草などを真似することをモデリングと言います。

誰を好きになり、誰をモデリングするかによって自分自身が大きく変わるのです。これは思春期の人だけではなく社会人になってからも同じことです。**誰を師匠にするのかによって天と地ほども結果が違ってきます。**

とはいえ、理想的なモデルがそばにいるとは限りません。近くにいるのはダメな先輩と誰も真似できない特殊な売り方で結果を出す先輩しかいないこともあるでしょう。むしろそのようなケースの方が圧倒的に多いのです。

しかし、どんな人であってもモデリング対象にすることは可能です。

ダメ営業マン時代のことです。

私のすぐそばにダントツに結果を出す先輩がいました。しかし、その先輩を見てはこう思っていました。

《あの人は別格だ、とても参考にならない》

まるで別次元の人のように見ていました。それもそのはずです。その先輩のやっていることは、ちょっとやそっとじゃ真似できないことばかりでした。

・接客しはじめたと思ったら3分後にはお客様と大笑い
・初回訪問なのに夕飯をごちそうになる
・お客様と一緒に旅行に行く

などなど。

当時の私には想像もつかないものばかりだったのです。しかし本当に真似できないことばかりだったのでしょうか？

例えば3分後に大笑いは無理だとしても、挨拶の仕方、立ち位置、表情……などの真似できることはあったはずです。

《3分後に大笑いを取る》という結果だけ見て真似しても意味はありません。そんなことをしたら、変なギャグを言ってすべりまくるだけです。結果ではなく、それまでのさまざまな行為が大笑いにつながっていることを見逃してはならなかったのです。

これは1つの例ですが、他にも真似できることはたくさん存在しています。営業をしている時だけでなく、普段の行動から真似できることもあります。

・帰りの3分間は机周りを片付けている

・ランチは早めに出る
・会議には一番早く行っている
・電話に出る時は明るく大きな声で出ている

などなど。

このようにしてモチベーションを上げているのです。些細なことですが、注意して観察していれば自分とは違う点に気付きます。逆にダメな営業マンはなぜダメなのかよく観察しましょう。《こうならないように気を付けよう》と反面教師にすればいいのです。

トップ営業マンをモデリングすることは大切です。しかし、いきなり特殊な営業スキルを真似してもいい結果にはつながりません。**結果ではなくプロセスをよく観察する**のです。

そして些細なことから真似してください。些細なことを真似しただけでもそれが呼び水となり営業活動がうまくいくこともあります。

まずは、売れている人、調子のいい人の些細な習慣や行動を観察して1つ真似してみましょう。

□どんな人からも学ぶ姿勢を忘れない

49 やる気にさせる「プラシーボ効果」

explanation

プラシーボ（placebo）とはプラセボとも言い、「気に入るようにしましょう」という意味のラテン語で、偽薬（にせ薬）のことです。

薬理学的に全く不活性な薬物（プラシーボ）を薬と思わせて患者に与え、有効な作用が現れた場合をプラシーボ効果があったと言います。


子どもの頃、風邪をひくと祖母がおかゆを作ってくれました。祖母は「おかゆに半熟の卵を混ぜて食べると早く風邪が治るんだよ」と言って食べさせてくれます。また喉が痛い時は「焼いたネギを喉に巻くと治る」と言って喉に巻いてくれたものでした。

これで本当に風邪がすぐ直ったことをよく覚えています。よくよく考えてみれば食べたのは単なる卵入りのおかゆです。ネギを喉に巻くというのは昔の知恵で多少効果があるのかもしれませんが、今の風邪薬や抗生物質に比べたら効果は低いでしょう。にもかかわらず**効果テキメンだったというのは、私がそれを信じ込んでいたから**です。

こういったことをプラシーボ効果と言います。

プラシーボ効果はそう呼ばないだけで、すでに営業の現場では数多く利用されています。

以前、研修先の会社へ行った時のことです。営業部長さんがこんな話をしてくれました。

部長さん「塩漬け（長期間眠っている）になっているリストがありましてね」

私「どの会社にも結構ありますね」

部長さん「営業にただ渡してもろくにフォローしないでしょうから、ちょっと工夫をしてみたのです」

私「どんな工夫ですか？」

部長さん「1人に50件ずつ渡したのですが、半分を『見込み薄』として渡し、もう半分を『多少見込み有』として伝えました」

私「それでどうなりました？」

部長さん「当然『多少見込み有』と言って渡した方がいい結果が出ましたよ」
私「なるほど」
リスト自体は同じものです。
しかし、《このリストは見込みがない》と思ってフォローするのと《このリストは多少見込みがあるぞ》と思ってフォローするのではモチベーションが違います。当然ですが、結果はまるで違ってくるのです。うまくプラシーボ効果を利用した例だと言えます。

これは実際のお客様を接客する時も同じことです。

ゴールデンウィークの時のことです。その当時の私は《ゴールデンウィークは遊び気分で来るお客様ばかりなんだ》と思い込んでいました。ゴールデンウィークは過去のデータでも、確かにそういった傾向はありました。しかし《いいお客様はこない》と思って接客していると、本当に真剣に検討しているお客様さえ逃してしまうことになります。まさに逆プラシーボ効果です。

そんなある日のことです。所長が朝礼でこんなことを言いました。

「毎年ゴールデンウィーク最終日はいいお客様が来店して契約になっているんだ」

それを聞いて《確かにゴールデンウィーク真っ只中には遠くへ出かけるが、最終日は出かけない。今日はいいお客様に出会う気がする》と思ったのです。

するとどうでしょう？

ゴールデンウィーク5日間のうち4日間全くいいお客様と出会えなかったのにもかかわらず、最終日1日だけで3件のいいお客様と出会ったのです。これは本当に最終日だけいいお客様が来たのでしょうか？　そんなことはありません。**お客様ではなく、自分が《いいお客様と出会える》と信じ込んでいたからいい結果につながった**のです。

プラシーボ効果は人から言われたことではなく自分自身でもかけられます。

私にも経験がありますが、なんでもない日に根拠もなく**《今日はなんかいい結果が出る気がする》と思う日がありました。**そういった日はモチベーションも上がり、いい結果につながることが多かったのです。目の前のものが同じものであっても、自分の考え方次第で結果は大きく変わります。プラシーボ効果をいい方向へ活用して、いい結果を出してください。

□ **いい勘違いがいい結果を生む**

50 適度な刺激でヤル気を継続する「ヤーキース・ドットソンの法則」

explanation

ストレスやモチベーションといった刺激や覚醒状態が適度にある時にパフォーマンスは最も高くなります。

刺激や覚醒状態が極端に低い、あるいは逆に高すぎる時には、パフォーマンスは低下します。

つまり一番良く行動するためには適度な刺激や覚醒状態が必要ということです。

この法則を「ヤーキース・ドットソンの法則」と言います。

ヤーキース・ドットソンの法則をもう少し詳しくお話しします。

心理学者が、ねずみに黒と白の目印を区別するように訓練し、ねずみが区別を間違えた時には、電気ショックを流し学習を促すという実験をしました。その結果、電気ショックの程度が強まるに従って正答率が増す結果が出ました。しかし、最適な強さを上回ると正答率が低下することがわかったのです。

この法則は人間にも当てはまります。

例えばルーチン化した仕事を毎日繰り返しているとモチベーションは下がります。仕事への刺激がなくなると興味を失い、同時にヤル気もなくなっていくものです。

その逆に新しい企画の仕事だったり、もしくは通常のあまり面白くない仕事であったりしても期限が迫ってくるとヤル気が出ます。《テスト前になると急に集中力が増した》という経験をした人も少なくないはずです。

このようにある程度の刺激がモチベーションを高めます。しかしあまりにも無理なことを要求されたり、責任が重すぎてストレスを感じすぎたりしてしまうと諦めてしまい、効果が下がります。

要するに自分にとって適度な刺激がモチベーションを高めるということです。

ヤーキース・ドットソンの法則を営業活動に応用してみましょう。

営業マンには年間目標を与えられます。その目標達成を目指して頑張るのですが、大きい目標だけではモチベーションは続きません。

私は新しい期になると心機一転、気合を入れていました。

「よお～し！ 今年こそは目標を達成するぞ！」

「今年こそ200%の結果を出して周りの奴らをギャフンと言わせる」

「今年はなんとしても成績上位に食い込みたい！」

などと夢が膨みます。しかし1カ月経った頃には現実に思い知らされます。

《やっぱり無理かぁ～》

《成績が上位なんてとんでもない。下手をすればクビだぞ……》

1カ月前のヤル気は見る影もありません。

どうしてそうなってしまったのでしょうか？ その理由は現実と理想のギャップが大きすぎるからです。

万年目標の50%も達成できず、いつも最下位グループなのに、いきなり目標達成や成績上位は難しいものです。これでは目標が高すぎて、すぐに諦めてしまいます。

何も高い目標を持つことが悪いと言っているわけではありません。**大きな目標と、もう1つ小さい目標を持つことが大切**になってきます。

【目標を達成するために毎日○○をする】この○○が大切になってきます。

例えばこのようなものです
・成績上位の営業マンになるために「毎日、お客様に手紙を3通出す」
・年間目標を達成するために「1日に5件新規のお客様をフォローする」
このような小さい目標を持ち、守ることで自信が付いてきます。

《手紙を3通出すことが1カ月も続けられたぞ》《新規訪問を5件以上、2カ月続けられた！》そう思うことでモチベーションを維持できるのです。どんなことも小さなことの積み重ねからはじまります。大きい目標と小さい目標の2つを立ててください。

また1カ月できたら自分にご褒美をあげるといったような工夫も効果的です。結果に対する自分へのご褒美を設定することで、自らモチベーションを上げる仕掛けを作ることができます。

ヤーキース・ドットソン法則をうまく活用し、セルフマネジメントやパフォーマンス向上に活かしていきましょう。

□ **大きい目標と小さな目標の2つを持つ**

51 嫌でもやる気が出る「恐怖モチベーション」

explanation

恐怖のモチベーションとは、「このまま、仕事がうまくいかなかったらどうしよう」「今あるものを失ってしまうのでは」という感情から起こるモチベーションのことです。

これは、仕事への健全なモチベーションから生まれているのではなく、恐怖から生まれています。

つまり、立ち止まると失う恐怖感から走り続けなければならないことを言います。

私はお客様に直接訪問するのではなく、お役立ち情報を定期的にお送りする【営業レター】を推奨しています。しかしこのように言う人も少なからずいます。

「私は筆まめではないので、なかなか手紙を出す習慣が身に付かないんです」

「忙しくてなかなか手紙を出す時間がありません」

「頭ではわかっているのですけどねぇ」

確かに営業マンは忙しいものです。しかし、本当の理由は、営業レターが続かないのは単に営業レターへのモチベーションが低いからなのです。

私の場合はすぐに営業レターを送る習慣が身に付きました。その理由はプラスのものではありません。数々の失敗経験からのモチベーションだったのです。

「来られると迷惑なんです！」

「子どもが起きたじゃない！　どうしてくれるの！」

罵声と玄関の鍵を閉める音が強烈に耳に残ります。この経験に比べれば営業レターを作ることなんて、天国のようなものです。全く苦になりません。

《もうあんな思いはしたくない！》それが営業レターを続けるモチベーションになったのです。

こういったことを恐怖モチベーションと言います。

恐怖モチベーションは、営業マンにとって必要な考え方です。

どんなにすごいトップ営業マンだとしても１００％の自信はありません。《何かを失うのでは》という不安を少しは持つものです。普通の営業マンであれば、さまざまな不安を持ちます。

・契約が取れなくなったらどうしよう
・今月はいいけど来月はマズいぞ
・このままの状態ならあと2カ月もすればクビだ
・いつまでこの仕事を続けられるのだろうか……

などなど。

このような思いに襲われます。払いのけても再び頭に浮かんでくるものです。しかしこの負の感情は、営業マンにとって必要なモチベーションと考えてはいかがでしょうか？恐怖のモチベーションがあるからこそ、仕事に集中できるのです。

さらに恐怖のモチベーションから生まれるエネルギーは、大きなエネルギーを持っています。私自身も経験しましたが、**プラスのモチベーションより恐怖モチベーションの方が気合が入ります。**「ノルマをクリアできれば表彰される」より「今月ゼロだったらクビだ」という方がよりムチが入ります。私自身そうやってクビ寸前でとどまっていました。

しかしこの恐怖のモチベーションには欠点があります。それは、「恐怖の状態」から抜け出してしまうと、とたんにモチベーションがダウンすることです。私もクビになるまいと必死に営業活動をしていましたが、少し結果が出た途端、安心してまた元のダメな自分に戻ってしまいました。ですから、**初速では恐怖モチベーションを使い、その後は前向きなモチベーションに変えることが大切**です。

先ほどお話しした営業レターに関しても、はじめは《あんな辛い目に遭いたくない》という思いからはじめました。しかし、続けているうちに《これはお客様の役に立つので、送り続けよう》という前向きなモチベーションに変わりました。

やる気に火を付けるために恐怖モチベーションを利用し、そして徐々に健全なモチベーションに変えていきましょう。

□ **負の感情を利用せよ**

52

期待通りの結果を出してもらうための「ピグマリオン効果」

explanation

ピグマリオン効果とは、教育心理学における心理的行動の1つで、教師の期待によって学習者の成績が向上することを言います。つまり人間は期待された通りに成果を出す傾向があるのです。

ピグマリオンという名称は、ギリシャ神話を収録した古代ローマのオウィディウス『変身物語』に登場するピグマリオン王に由来します。彼の恋焦がれた女性の彫像が、その願いに応えたビーナス神の力で人間化したという伝説があります。

小学生の頃のことです。

知能指数のテストを行ってしばらくしてから先生が私にこう言いました。

「君は普通の生徒よりIQが高いから、きっと成績が伸びるぞ」

私は嬉しくなり、その後積極的に勉強するようになりました。お陰で中学までは比較的成績が良かったのです。

数年後のことです。

友人Ａ「小学校の頃、先生に『君はＩＱが高いから頑張れ』と言われたんだよ」

友人Ｂ「俺も言われたぞ」

私「俺もだよ」

そこにいた仲間全員ではありませんが、多くの生徒は先生から同じようなことを言われていました。言われた人のほとんどがそれを信じ、成績が伸びたのです。だまされた気分になりましたが、そのおかげでみんなの成績が伸びたことは事実です。

こういったことをピグマリオン効果と言います。


ピグマリオン効果を営業活動に活かしてみましょう。

私がお役立ち情報をお客様に送りはじめた時のことです。お役立ち情報とはお客様の過去の失敗例やクレーム例を、これから家作りをする人に参考にしてもおうと編集したものです。

そのお役立ち情報を配っているうちにあるお客様からこんなことを言われました。

お客様「こんな情報を教えてくれる人は君しかいないよ。君はきっと優秀なんだろうね」
私「いえいえ、成績はあまり良くないんです」
お客様「今はそうだとしてもすぐにトップ営業マンになるよ」
私「ありがとうございます」
当時、お客様の失敗例やクレーム例を提供している営業マンは私しかいませんでした。そんなこともあり、お客様には不思議な存在に感じられたのでしょう。お世辞かもしれませんが、ダメ営業マンの私に対して「トップ営業マンになる」と言ってくれたのです。私はこの言葉を時どき思い出し、モチベーションを上げていました。実際のところ、その3カ月後には結果を出し、半年後には本当にトップ営業マンになっていたのです。
今から思い返せばピグマリオン効果が働いていたのだと思います。

これは部下や後輩に対しても有効的です。
自分が簡単にできる仕事に対して何倍も時間をかける部下がいたとします。そういったのんびり屋の後輩や部下にイライラして活を入れたくなることもあるでしょう。実際、事務所ではこのような怒鳴り声が聞こえてきます。

「オイ！ そんなことにいつまで時間をかけているんだ」

「まだそんなことやっているのか！ サッサと出かけてこい！」

「半日も資料作りをしていて、いつお客様のところへ行くんだ！」

などなど。

頭ごなしに怒ってもいいことはありません。言われた方はテンションが下がり、やる気をなくしてしまいます。

そんな時は怒りをグッとこらえて少しでも褒めることを考えましょう。

「時間がかかったけど、いい資料ができたな」

「以前より30分以上も早くできるようになったじゃないか」

このように褒めることでいい方向へ向かいます。さらに「君はコツをつかむのが早いから、すぐにもっと短時間で作れるようになるぞ」と言ってあげるのです。怒ったり活を入れたりするより何倍もいい結果になります。

また**怒るよりも褒めることで自分もモチベーションが上がる**という効果もあるので、ぜひやってみてください。

□ 人は期待された通りになっていく

Chapter 9

考え方・マインド 編

未来を切り開け！

53

努力なしで自分を変える「サブリミナル効果」

explanation

サブリミナル効果とは「意識」より下の部分、いわゆる潜在意識や、意識と潜在意識の境界領域に刺激を与えることで表れるとされる効果のことです。知覚できない程度の速さや音量の映像・音声等を繰り返し挿入し、視聴者の購買意欲を増すという効果もあるとされています。

サブリミナル効果で有名なのは、映画館でのコカコーラの実験です。映画の画像に人が認識できないほどの早さでコーラを飲むシーンを何回も繰り返し差し込んだところ、コーラを購入する人が急増したという実験です。この結果は、学説としては認められていないものの、映画やテレビ放送などでは使用を禁止されているほどです。

人は何度も繰り返し受ける情報に対して、影響を受けるものなのです。

サブリミナル効果は、外部からのコントロールだけではありません。**実は自分自身がかけている暗示こそ最も強力なのです。**

サブリミナル効果をうまく活用している例をお話しします。

定期的に研修をさせて頂いている会社の若い営業マンがいます。彼は経験が浅く、知識はあやふやなところはありますが、とにかく電話でのアポイント取得率が高いのです。

テレアポは顔が見えない分、接客よりアポイントを取るのが難しくなります。

ベテラン営業マンでさえ「テレアポのトークを練りに練って挑んでもうまく行きませんな」と弱音を吐くほどです。

彼は他の営業マンが苦戦している中、平然と3～4倍のアポイントを取っています。

《何か特別なトークをしているのでは？》と思い、許可を得てＩＣレコーダーに録音させて頂いたことがありました。

録音したものを聞きましたが《元気な声だなぁ》と思うくらいで、特に変わった内容を話していないのです。ますます謎は深まります。
私は彼にストレートに質問しました。

私「どうして電話でたくさんのにアポが取れるのでしょうか？」
営業「いやぁ～昔から電話だけはなぜか得意なんです」
私「それだけですか？」
営業「そうなんです。まあ根拠はないのですけどね」
まわりの営業マンに聞いても「奴はいつも『電話が得意だ』と言いながら電話していますよ」と言っていました。実は、このいい刷り込みが彼のテレアポが得意な理由なのです。
こういった前向きな口癖がサブリミナル効果となり、いい結果につながっているのです。

口癖同様、毎日の習慣も絶大な影響を与えます。
私がトップ営業マンとして結果を出しはじめた時、お客様に対して、お役立ち情報を毎日出すようにしました。お役立ち情報は、過去のお客様の失敗例で《建てる前にこれだけは知りたかった》という内容です。

この行動を毎日続けているうちに**《お客様が必要としている情報を提供しているのだから結果が出ない方がおかしい》**と思うようになりました。

こうしたいい刷り込みは、1日や2日では変わらないとしても、2カ月、3カ月と続けると自分でもはっきりとわかるほど変わっていきます。

自分に底堅い自信を持つようになっていったのです。

言っておきますが、私はもともとセルフイメージも低く、やる気のない人間でした。自信を持つこともなければモチベーションが上がるなどと考えたこともありません。

そんな私でも《○○をやっているのだから上手くいくだろうな》という積み重ねがいいサブリミナル効果になったのです。

今日からいい習慣をコツコツ長く続けてみてください。

毎日続けることで、日に日に変わっていく自分を感じられます。

気付いた時には自信がある自分に変わっていることに驚くことでしょう。

□ 毎日、自分にいい自己暗示をかける

54 不利な状況を自分に有効に利用する「ユーティライゼーション」

explanation

ユーティライゼーションとは「利用する」「活用する」という意味です。相手と会話を進めるたり特徴、興味、関心を利用したり、自分のマイナス情報を利用したりして、新しい人間関係を作ることを言ったりします。

《私には何1つとして悩みがない》という人はいないでしょう。人が聞いてドン引きするような重い悩みは別として、軽い悩みを打ち明けることは新しい人との関係作りに利用できます。

悩みを1人で抱え込めば苦しいだけで、いいことはありません。そんな時は、相手に、「実は悩んでいることがありましてね」と相談を持ちかけましょう。
これは、人との距離も縮まり、同時に解決策も得られる一石二鳥の方法なのです。

1年に数回、定期的に集まる会での出来事です。メンバーの1人がAさんという男性を連れてきました。
Aさんは社交的な感じではなく、どちらかというと人見知りするタイプです。はじめのうち、Aさんはメンバーが盛り上がるのを遠目で見ていた感じでした。
そんな時、メンバーの1人がAさんに、家族について質問します。
メンバー「お子さんはいらっしゃいますか？」
Aさん「ええ、うちは娘2人なんですが、早いもので2人とももう高校生なんです」
メンバー「そうですか。娘さんじゃ可愛いでしょ？」
Aさん「それがですね。小さい頃はパパ派だったのですけど、最近はめっきりですよ。何を話したらいいのか悩んでいて。仲良くできる方法はないでしょうか？」
メンバー「私の娘はもう働いていますが、いまだに仲良しです」
Aさん「ぜひその秘訣を教えてください！」

その後、まわりの人たちも相談の輪に加わり、Ａさんを中心に話が盛り上がったのです。

ここでのポイントは、Ａさんは「高校生の娘がいる」という自己開示をしたあと、さらに「何を話したらいいいか……」と悩みを打ち明けたことです。その瞬間、相談を受けたメンバーはもちろんのこと、その周りの人との距離がいっきに縮んだのです。

このエピソードは、**まさに「自分のマイナス情報を利用して新しい人間関係を作る」好例です。**

口下手な上に、何も語らず、「どこの誰で、何を考えているかわからない」ではいつまでたっても人と打ち解けることはできません。プライベートな情報を開示したり、悩みを相談したりするといった行動を取ることで関係が進展するのです。

これはお客様との関係にも言えることとです。

私が一緒に働いていた先輩は、お客様との関係作りが非常に上手な人でした。

仲良くなったお客様に対して「休みが合わず、妻との関係がぎくしゃくしていることが悩みです」などと、よく夫婦関係の相談をしていました。

お客様は親身になって相談に乗ってくれます。**人は頼られると嬉しいものです。**

先輩は、自分のマイナスの情報を利用してお客様との関係を深めていたのです。「うちは子どもがいましてね」と話しただけでは、「そうですか。いいですね」と返ってくるだけです。一歩進んで「最近、どう付き合っていけばいいのかわからなくて」と簡単な悩みも相談してみるといいのです。

相談を受けただけで、人はその人に対して親近感を持つようになるのです。

営業活動で行き詰まった時、あなたはどうしていますか？

《無理して元気に振る舞い、何とかして結果を出したい》と思えば思うほど空回りします。

お客様にその焦りが伝わり《なんかこの人は暑苦しい……》と敬遠されてしまうのです。

そんな時は無理して元気に振る舞うのではなく、「最近、お客様との商談の進め方に行き詰まっていましてね。ぜひアドバイスを頂きたいです」と聞いてみてもいいでしょう。

そのお客様との関係がさらに深くなることはもちろんのこと、営業マンサイドでは気付かない貴重なヒントを得られることもあります。

悩みを抱えたまま無理して営業活動を続けるのではなく、お客様に悩みを打ち明けてみてください。そうすることでお客様との関係が一歩も二歩も深くなります。

□ 思い切って悩みを打ち明けよう

55

考えすぎで行動できない人のための「宣言効果」

explanation

宣言効果とは、ある目標を達成するために、あらかじめ周囲に目標を宣言すると成功率が上がることを言います。

周囲に宣言することで失敗はできないと自らプレッシャーを掛けることでモチベーションが上がるのです。


私が小学校低学年の時のことです。

家族に向かって「宿題を7月中に終わらせるぞ！」と宣言したことがありました。

自信はありませんでしたが、宣言した手前《何としても終わらせてやる》といった気持ちが芽生えます。すると、7月中にすべての宿題を終わらせることができたのです。

これは仕事でもすぐに使えるテクニックです。

例えばですが、あなたが上司からいかにも面倒な書類の処理をお願いされたとします。

そこで「午前中にこの種類を仕上げます！」と上司に宣言するのです。

宣言したことでやらざるを得なくなり、また、**嫌な気持ちが吹っ飛び、不思議とやる気もわいてくる**ものなのです。


私もこのテクニックはよく使います。うちのお風呂場の排水溝が詰まり気味だったことがありました。気付いていながら、「また今度」と先延ばしして掃除をしなかったのです。

そこで「今日はお風呂の排水溝を徹底的に掃除する！」と家族に宣言してみました。

気が重い作業でしたが、宣言した途端、やる気がわいてきます。あっという間に掃除をすませることができたのです。**宣伝効果は嫌な仕事にこそ効果的です。**
・溜まっている書類を片付ける
・仲たがいしている人との関係を解消する
・断りにくい人に対して断りを入れる
などなど。

世の中には頭が良くていろいろ知っているのに行動できない、といった人がいます。はたから見ても《実力があるのに本当にもったいないなぁ》と思います。

考えすぎてなかなか動けない人は、宣言することで、やらざるを得なくなります。

宣伝効果を利用することで自然に体が動くようになるのです。

宣伝効果は「仕事の期限がなかなか守れない」といった悩みを持っている人にも効果的です。いつもギリギリか少し期限を延ばしてもらっている、なんて人こそ、人に宣言するといいのです。

例えばですが、5日後が締め切りの仕事には「その仕事ならば3日もあればできます」と宣言してみてください。こう言ってしまえば、いたずらに時間を引き延ばすことなどできませんから、すぐに手を付け、期限の半分の時間で仕上がったりするのです。

さらに、前倒しして提出すればあなたの評価は上がります。

遅れていい内容の仕事→前倒しして普通の仕事

になります。

仮に《クライアントに前倒しを宣言するのは危険すぎる》と思うのでしたら、ブログやFBで「今日中に○○の仕事をします！」と書き込むのもいいでしょう。

自分で言ったこと、発信したことは思った以上に効果があります。

誰でも頭ごなしに言われたり、顎で使われたりするとやる気がなくなります。

お客様から「A案とB案の見積りを3日以内に送っておいて、よろしく！」と勝手な感じで言われたらどうですか？

口では「わかりました」と言いながら、心の中では「こちらも都合も聞かずに……」と反発したくなります。

そんな時は思い切って「それでしたら2日もあればできます！」と宣言するのです。

自分で宣言したのであれば反発はありません。当然、やる気も出ません。

3日かけて嫌々仕事をするより、集中して2日で終わりした方が気分はいいものです。

その方がいい内容になり、お客様からの評価も俄然高くなります。

宣伝効果をうまく使い自分を盛りあげてほしいのです。

今日、さっそく何かを宣言してみましょう。

□ 嫌な仕事は、やることを宣言する

56 できる人に変わるための「認知リハーサル効果」

explanation

認知リハーサル効果とは、記憶した内容を繰り返し想起させることで、その記憶を定着化させる効果を言います。

例えばダメな部下を変えたいと考えた時、一度ではなく何度も伝えることはもちろんのこと、「思い出してもらう」「書き出してもらう」「口に出してもらう」ということを繰り返す作業が重要になるのです。


営業マンとして長く活躍している人は、自分を上手に盛り上げ、モチベーションを上げています。「営業センスはあるけど常にネガティブで悪いことばかり考えている」という人で長く活躍している人を、私は1人も知りません。

精神的に健全でなければ、営業活動は続けられないのです。

私は、お客様から言われて嬉しかった言葉を手帳に書き出していました。

・菊原さんが担当で良かった
・菊原さんと出会わなければ家作りはできませんでした
・あなただから話を進めたのですよ

などなど。

スランプの時、クレームを抱えている時にこの言葉を読み返し、元気をもらっていました。あなたも「思い出すだけで元気になる」といったような経験があるでしょう。

それを思い出し、書き出すのです。精神的に落ち込んだ時に見返し、時には口に出してみてください。そうすると、その時の感情がよみがえり、一瞬で元気になります。

こういったことを認知リハーサル効果と言います。

あなたにはすでに部下や後輩がいるかもしれません。

認知リハーサル効果は、自分だけでなく部下や後輩にもぜひ使ってほしいと思います。

新人営業マン、経験の浅い営業マンには「営業の辛さ」ではなく「楽しさ」を教えてあげてください。

新人営業マンの営業の知識は、ゼロベースです。中途採用だとしても、新しい業界の営業の知識はありません。活かすも殺すも上からの指導次第なのです。

世の中には《こんな活動をさせられたら営業が嫌いになるだろうな》と思う人もいます。

以前、私の事務所に信用金庫の新人営業マンが飛び込んできたことがありました。

まずは名刺をもらいます。するとその営業マンは「では少しだけよろしいでしょうか？」と会社の説明をしだします。まあよくありがちです。

時間もあったため《この先のトークを聞いてみよう》と興味本位で聞いてみることに。

その営業マンは目を輝かせて「〇〇カードというのがありまして、〇〇万円ならすぐにご融資できます。それにですね……」とカードローンの話をしだします。

彼はトークに夢中で、私が《もうやめてほしい》という空気を出しても、気が付きません。

さすがに途中で「そういうのは必要ないですから」とお断りしました。

その言葉に意気消沈したのが、一気にトーンダウンします。

「わかりました……」と元気なく帰っていく姿を見て、なんだかいたたまれなくなります。

私はその営業マンに「『クレジットカードの話をしろ』と上司から言われたのですか？」

と質問すると、一瞬不思議そうな顔をした後「そうです」と答えました。

お客様の要望を聞かないまま、勝手にセールストークをしても売れることはありません。

この新人営業マンは上司に言われたまま、結果の出ない営業活動を続けているのです。

頻繁に事務所にかかってくるテレアポも同じです。

以前、研修先の会社の部長に「なぜテレアポをさせているのですか？」と質問したところ「新人営業マンに度胸を付けさせるため」と言っていました。

これを全否定はしません。しかし、これでは成功体験を経験できず、やればやるほど営業が嫌いになってしまいます。そして今日も新人営業マンが会社を去り、また新人営業マンが何も知らずに入社してくるのです。新人営業マンや部下に「営業が嫌いになるような活動」を指示していないでしょうか？

これでは実力のある人でもやればやるほど営業が嫌いになっていきます。

そうではなく正しい方法を指示し、「営業は楽しいし、人の役に立つ仕事だ」ということを教えてあげてください。

こうしたいい経験が1つひとつ積み重なっていけば、人は自然に育っていくものです。

□ **いい経験を思い出す**

57

小さなことからはじめる「時間的フレーミング」

explanation

時間的フレーミングとは、時間の単位を変えて表現することにより、敢えて物事の捉え方を変えさせることを言います。

大きな期間で表現するよりも、小さな時間の単位で伝えたほうが、より具体的で身近に感じられるため説得効果が高まるということです。


セールストークに「1日コーヒー1杯分の支払いでこの商品を手に入れることができるんですよ」というものがあります。テレビショッピングや雑誌でもよく聞く手法ですよね。

「総額30万円です」というより「1日300円」と言われた方がハードルは下がります。

「コーヒー1杯分」のほかにも、「タバコ1箱分」「ランチ代」などを使ったりします。

この戦略は、販売価格を身近な商品に置き換えることで、
《思っていたほど高くはない》
《ランチ代くらいなら自分でも支払うことができるぞ》
《普段、無駄使いしているし、コーヒー代がプラスされても日々の支出とそう変わらない》
といった印象を持たせます。

結果として、実際の金額に対するイメージとは異なる価格の知覚を導くものです。

1日単位の支払期間で提示したり、身近で小額な商品に置き換えたりすることで、支払いが小額であることを意識させるのです。

こういったことを時間的フレーミングと言います。

研修先の営業会社の会議に出席した時のことです。「売れる営業になるために何をしたらいいのか？」というテーマで話し合いがありました。

その中で、若い営業マンが手を上げ「エレベーターのドアを押さえてあげたり、電車でいすを譲ったりすることです」と発表しました。

その後すぐに誰かが「オイオイ、そういうことじゃないだろ！」と突っ込みます。

ドッと笑いが起こりました。**ですが、私は《素晴らしい意見だなと》と思ったのです。**

営業力を上げるために人間的魅力を上げることは、欠かすことのできない要素です。「人間的魅力を上げる」と言うと、《何かすごい行動をしなければ》と勘違いする人もいるかもしれません。しかし、いきなり大それたことをするのではなく、今すぐできる些細なことからはじめればいいのです。

・事務所の掃除を熱心にする
・困っている人に声をかける
・会議のセッティングを自ら手伝う

などなど。

こうしたことを1つひとつやっていける人が、人間的魅力を付け、そして長く営業の世界で活躍できるのです。

逆に短期間で営業の世界から消えていく人は、利己的で自分本位な考え方をしています。

・困っている人を見かけても見て見ぬふりをする
・立場の弱い人には強い言葉を使う

・自分が得にならないことは一切手を貸さない

などなど。

このような行動をする人は、せっかく実力があっても、最終的には能力に見合った結果を出せずに終わるのです。**営業活動に直接関係ないようなことであっても、積み重ねれば、後になって大きな差になってきます。**

トップ営業マンは常に《年間○億円の契約を取るぞ！》と売上のことばかり考えているわけではありません。そういった長期的な目標を持つ一方、人間的魅力が上がるための些細な行動を積み重ねて、大きな結果の差を生み出すのです。

《最近、なぜか調子が出ないなぁ》と感じる人は、小さいことをおろそかにしていないか、チェックしてみてください。

目の前の小さなことに集中できる人が大きな結果を出すことができるのです。

□ **目の前のことをコツコツと行う**

58

ネガティブな思い込みから脱する「カウンター・エグザンプル」

explanation

カウンター・エグザンプルを直訳すれば「反例」という意味になります。反例とはその定義や命題に当てはまらないことを示す例を示すことです。心理学では思い込みをしている人に対し、それが真実ではなく、単なる思い込みにすぎないことを気付かせるものとして使用する場合もあります。

世の中にはいろいろな思い込みをしている人がいます。いい思い込みなら問題ありませんが、悪い思い込みは仕事や営業活動の妨げになります。《タバコを吸わないと仕事がはじめられない》といったような、いかにも体にも悪そうな思い込みをしている人もたくさんいらっしゃいます。

こういった悪習慣は単なる思い込みであって、いざ止めてみれば《なんでこんなことをしていたのだろう》と不思議に思うケースも多いのです。

先日、中堅の営業マンとお会いした時のことです。こんな話をしてくれました。

営業「今まで《タバコを吸ってからでないと仕事はできない》と思い込んでいまして」

私「そういう人って結構いますね」

営業「事務所内は禁煙だったのですが、最近は敷地内全体も禁煙になったのですよ」

私「最近は厳しくなりましたね」

営業「今は3分歩いて指定の喫煙所に行かなければ吸えなくなりまして。しかも金額も上がりましたからこの際止めてみたんです」

私「それでどうですか？」

営業「何の問題もないですし、何倍も効率よく仕事ができます。《タバコを吸わないと仕事ができない》なんて幻想でした」

その営業マンはこれをきっかけに禁煙に成功します。20年近く吸い続けており《酒は止められてもタバコだけは絶対無理》というほどの愛煙家でした。

禁煙したことで仕事の効率が格段に良くなっただけでなく、さらにいいことが起こります。

タバコを吸わない人はタバコの臭いに敏感です。特に子どもがいる奥さんなどは、いくら消臭しても《あっ、この人たばこを吸っているわね》とばれてしまいます。

その営業マンは禁煙に成功したことで仕事の効率も上がったうえに、お客様からの受けも良くなったというのです。

ここで、あなたの1日のスケジュールを書き出してみてください。

出社したら、コーヒーを飲みながらタバコを吸い、ネットニュースを見て、その後メールの返信をする……。

といったよくある1日を細かい部分まで書き出すのです。

その中には「営業活動してリターンが高いもの」と「リターンが低いもの、無駄なこと」が混在しています。

まずは「リターンが低いもの、無駄なこと」を探し出してください。

その中から《長年の習慣でこればっかりは止められない》というものが見つかるでしょ

う。そういった行為には「本当に止められない行為なのか？」と問いかけてほしいのです。

私はお酒好きで長年《晩酌をしなければ眠れない》と思い込んでいました。飲まなかったのはインフルエンザで寝込んでいた日だけ、というくらい毎日飲んでいたのです。しかし、これは私にとって価値のある行動でしょうか？

そうではありません。こんな悪習慣を続けていれば徐々に体をむしばみ、やがては働けない体になることだってあります。

コンサルタントは体が資本ですから、体を壊してしまえば終わりです。

そこで私は数年前、家での晩酌をキッパリ止めました。

止めてみて、飲まなかった朝の快適さに気が付きます。思い込みから抜け出した瞬間《なぜこんなバカな行為を続けていたのだろう》と痛感したのです。

誰でも《これだけは止められないなぁ》というものがあるでしょう。

しかし、それは思い込みであって、実際止めてみると《今までなんでこんなことをしていたのだろう？》と思うものなのです。

□ 悪習慣を、思い切って止める

あとがき

私が20代の若い夫婦の接客をしていた時のことです。

夫婦は、私が何を説明しても完全に無視で、私の存在など眼中にないようでした。

私が《嫌な客だなぁ》と思っていたところに、タイミングよく用事が入ってきたのです。

《ラッキー》と思いながら、先輩にそのお客様をまかせました。

数分後、なんと先輩がその嫌なお客様と笑いながら話しているではありませんか！

さらにその夫婦は、じっくりと2時間以上も話を聞いていったのです。

その時は、先輩が何かの魔法を使ったかのように思えました。

なにしろ、何を言っても無視してくる嫌なお客様だったのですから。

今思えば、先輩は【ハロー効果】や【自己開示】をうまく活用し、お客様の警戒心を解いていました。さらには【カタルシス効果】や【ユーティライゼーション】を駆使して関係を深め、スムーズに商談を進めていたのです。

先輩は、心理学者でもなければ、大学でその分野を勉強してきたわけでもありません。

具体的な心理術の名前は知らなかったかもしれませんが、意識的にテクニックを駆使していたことは確かです。トップ営業マンは皆、人の心を動かす心理学に詳しいものです。

心理学は生まれ持ったセンスではなく、あとから身に付ければいい知識です。

ですから、**誰でも活用することができるのです。**

あなたはこの本でビジネス・営業で結果を出すための知識を学びました。

さあ、あとは今日から実践するだけです。

実践し、身に付けた心理術は必ずやあなたの心強い礎《いしづえ》となることでしょう。

～この本を最後まで読んで頂いたあなたへ～

最後までお付き合い頂きましてありがとうございました。

また企画、編集にあたり明日香出版社の久松様、大久保様に大変お世話になりました。

心より感謝いたします。

あなたからの「菊原さん、トップになりました！」という嬉しい報告を楽しみにお待ちしております。

２０１６年1月　菊原　智明

お役立ち！　読者限定プレゼント

もっと心理テクニックを知りたい！と思った読者の皆さん、朗報です。本書をご購入頂いた方限定で、**「営業心理術 メール編」をお届けします。**２日おきに、メールで役立つ心理術５つを、５日間に分けてあなたのアドレスへお送りします。

■ アクセスはこちら

専用ホームページアドレス

https://1lejend.com/stepmail/kd.php?no=UtrovEv

専用ホームページＱＲコード

上記のページへアクセスし、必要事項を入力してください。

限定パスワードは右の数字を入力してください→ **5564646**《ココロヨムヨム》

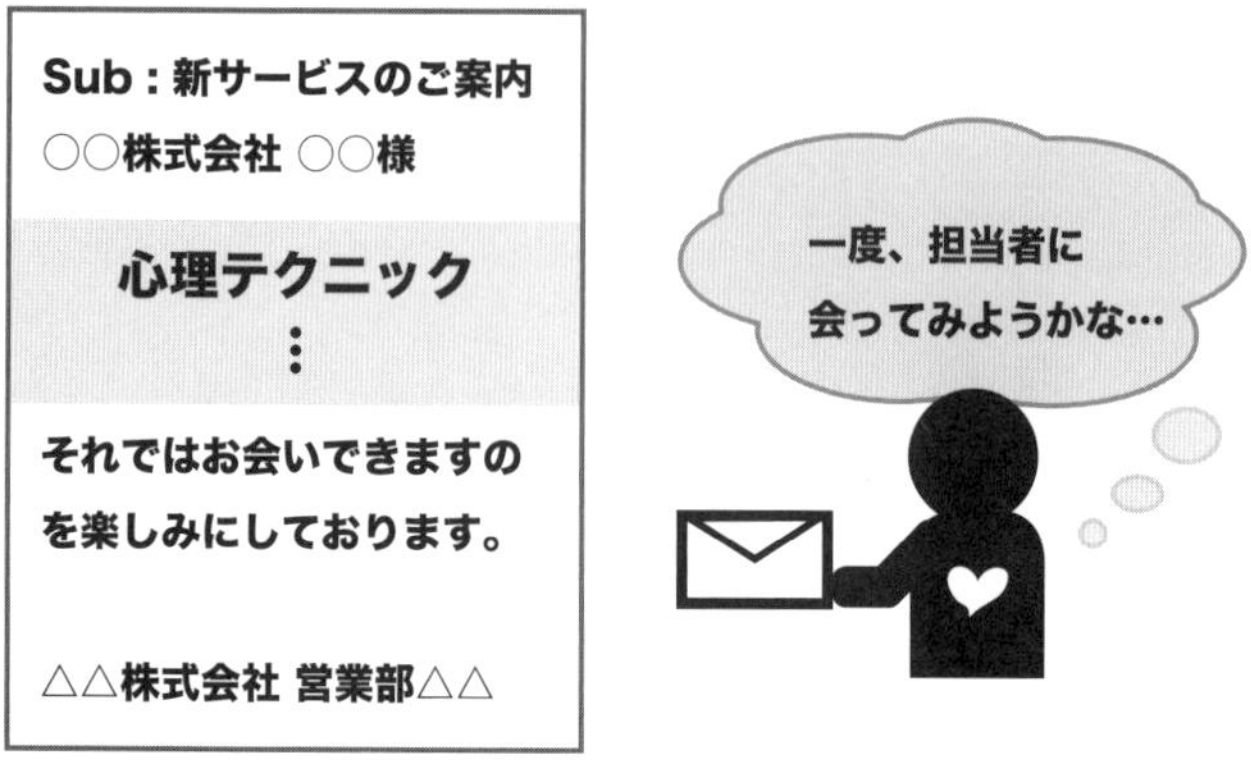

※ 読者限定プレゼントは、予告なく終了することがございます。ご登録はお早めにお願いいたします。

サイトにアクセスすると……

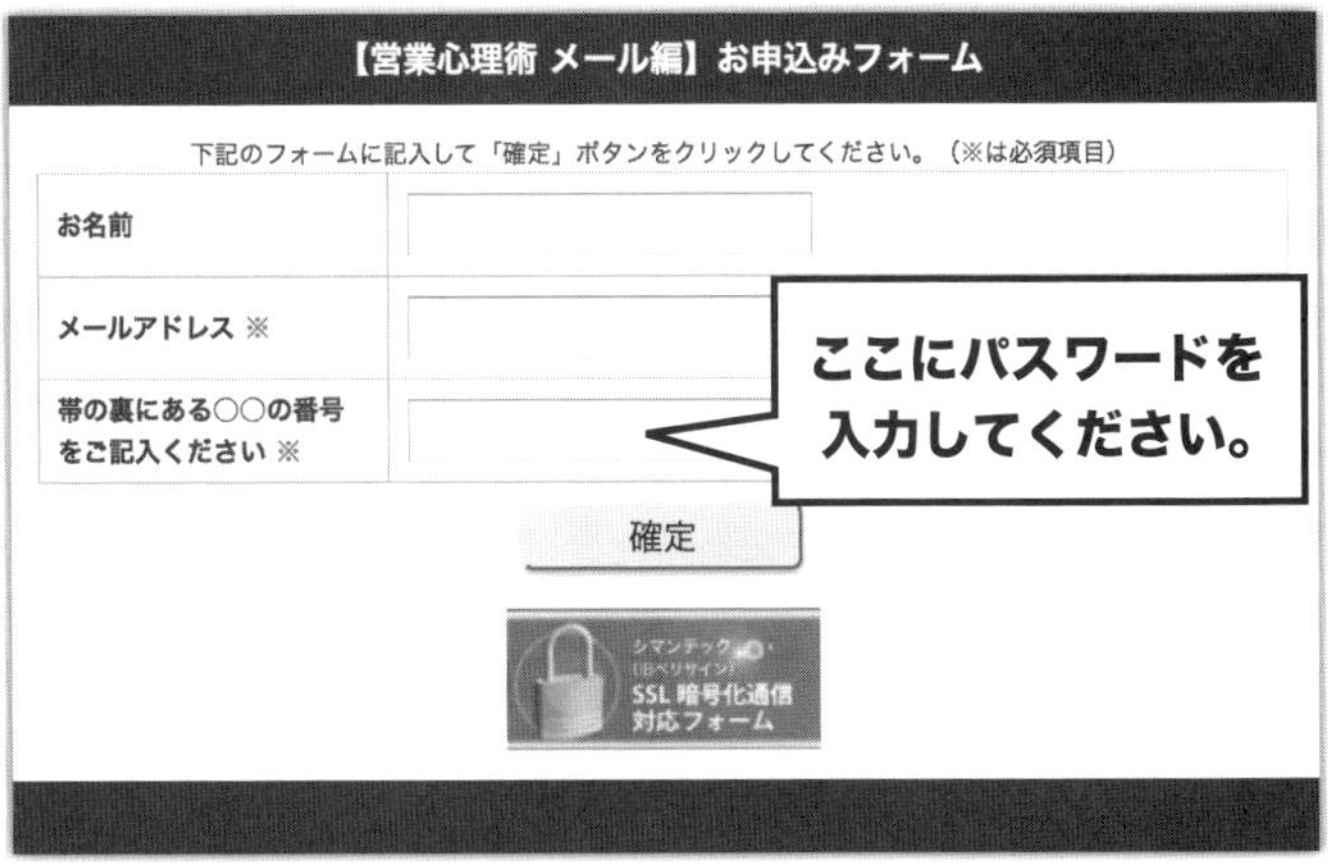

5日間「メールに関する心理術」が届きます！

件名:【営業心理術 メール編】にご登録ありがとうございます／菊原智明

○○様

このたびは私の本【〈完全版〉トップ営業マンが使っている　買わせる営業心理術】
をご購入頂きましてありがとうございます。

また【営業心理術 メール編】に
ご登録頂いたことに心より感謝いたします。

これから定期的にお送りする内容は本をご購入頂いた方だけの特典です。
明日から2日おきに5回にわたり、メールで役立つ心理術をお送りします。

こちらは本とあわせて参考になさってください。
どうぞよろしくお願いします。

菊原智明

・営業コンサルタント　・関東学園大学　経済学部講師
・社団法人　営業人材教育協会理事
菊　原　智　明

あなたの営業活動にお役に立つ情報を毎日発信しております！

■ ブログ【住宅営業マン日記】
365日毎日更新中。営業活動にお役に立つ情報を毎朝お送りしています。

http://plaza.rakuten.co.jp/tuki1

■ メールマガジン【毎月契約が取れてしまう営業マンの考え方】
毎週木曜日配信。売れる営業マンになる秘訣をお送りしています。

http://www.mag2.com/m/0000159381.html

■ 携帯メールマガジン【なぜか売れてしまう営業マンの習慣】
毎週水曜日配信。売れる営業マンになるためのちょっとしたヒントをお送りしています。

http://www.mag2.com/m/M0050453.html

■ 公式HP【無料レポートや聞きながら学べるCD教材を用意】
営業教材、事例集、研修、セミナー、など、詳しくはこちらへ。

http://www.tuki1.net

■ 営業通信講座（全12回で卒業）
毎月CD二枚組とテキストをお送りしています。メール相談無制限で月々5,000円です。

http://kikuhara.jp

■ 研修、セミナー、取材等の依頼はこちらのメールへお願いします。
kikuhara.tomoaki@blue.plala.or.jp

■ 主な研修内容
・営業強化定期研修(12回、6回、3回コース)
・単発研修、個人コンサルティング

↓詳しくはこちらへ
http://www.tuki1.net/rc1_seminar/index.html

[著者]

菊原智明（きくはら・ともあき）

営業サポート・コンサルティング（株）代表取締役
・営業コンサルタント
・関東学園大学　経済学部講師
・社団法人営業人材教育協会理事

群馬県高崎市生まれ。工学部機械科卒業後トヨタホームに入社し、営業の世界へ。

自分に合う営業方法が見つからず、7年もの間クビ寸前の苦しい営業マン時代を過ごす。

お客様へのアプローチを、訪問から【営業レター】に変えたことをきっかけに4年連続トップの営業マンに。約600名の営業マンの中において MVP を獲得。


2006年に独立し、営業サポート・コンサルティング株式会社を設立。

現在、上場企業への研修、コンサルティング業務、経営者や営業マン向けのセミナーを行っている。

【営業力検定】が取得できる営業通信講座のクライアントの数は、卒業生も含め1,000名を超えている。

2010年より関東学園大学にて、全国でも珍しい【営業の授業】を行い、社会に出てからすぐに活躍できるための知識を伝えている。

また（社）営業人材教育協会の理事として営業講師の育成にも取り組んでいる。

2021年までに70冊の本を出版。ベストセラー、海外で翻訳多数。


主な著書に『訪問しないで「売れる営業」に変わる本』（大和出版）、『売れる営業に変わる100の言葉』（ダイヤモンド社）、『訪問ゼロ！残業ゼロ！で売る技術』（日本実業出版社）、『夢をかなえる話し方』（エンターブレイン）、『営業マンは理系思考で売りなさい』（東洋経済新報社）、『面接ではウソをつけ』（講談社）、『トップ営業マンのルール』『「稼げる営業マン」と「ダメ営業マン」の習慣』（以上、明日香出版社）、『5つの時間に分けて仕事をサクサク片づける』（フォレスト出版）、『たった1つのことを続けられるバカが成功する』（PHP）などがある。

■営業サポート・コンサルティング HP（メルマガや無料レポートもあります）
http://www.tuki1.net
■【営業通信講座】HP
http://kikuhara.jp
■著者ブログ「住宅営業マン日記」
http://plaza.rakuten.co.jp/tuki1

〈完全版〉トップ営業マンが使っている　買わせる営業心理術

2016年　2月　18日　初版発行
2021年　11月　18日　第14刷発行

著　　者　菊原智明
発 行 者　石野栄一
発 行 所　明日香出版社
〒112-0005　東京都文京区水道 2-11-5
電話　03-5395-7650（代表）
https://www.asuka-g.co.jp

印　　刷　株式会社フクイン
製　　本　根本製本株式会社

　ISBN 978-4-7569-1820-8

「稼げる営業マン」と「ダメ営業マン」の習慣

菊原 智明 著

ISBN978-4-7569-1519-1
B6 並製　240 頁　定価 1400 円+税

７年もの間クビ寸前の苦しい営業マン時代を過ごし、その後トップ営業マンとなった著者が説く営業のやりかた。

稼げる営業マンとダメ営業マンは根本的な能力はあまり変わらない。それなのになぜ、成績に差がつくのか。それはちょっとした習慣の違いにあった。

できる営業マンの習慣とできない営業マンの習慣を対比することによって、気づきとテクニックを与える。

営業の一流、二流、三流

伊庭 正康 著

ISBN978-4-7569-1803-1
B6 並製　216 頁　定価 1400 円+税

リクルートのなかでＴＯＰを誇り、研修等で優秀な営業を輩出している著者が、ほんのちょっとの工夫で成績がアップする考え方や心得、営業手法、習慣などを説く。

わかりやすい一流から三流までの三段論法で展開している。

受注数・契約率UP

絶対に目標達成できる人の営業のワザ

安部 宥志 著

ISBN978-4-7569-1746-1
B6 並製　200 頁　定価 1500 円+税

「今までやっていた営業活動にちょっとした工夫を加えれば、成績が上がります」をコンセプトに、営業のテクニックをまとめたビジネス書。

右側に文章、左側に図版や写真などが入っていて、読みやすいレイアウトになっている。主に BtoB の営業マンに向けた本。